Gerhard Ernst

Einführungskurs Italienisch

Gerhard Ernst

Einführungskurs
Italienisch

9.,überarbeitete und erweiterte Auflage

Max Niemeyer Verlag
Tübingen 1988

1. Auflage 1970
2. Auflage 1972
3. Auflage 1973
4. Auflage 1975
4. Auflage, 2. Druck 1977
5., überarb. Auflage 1978
5. Auflage, 2. Druck 1980
6. Auflage 1981
7. Auflage 1983
8. Auflage 1985

Zu diesem Kurs sind lieferbar:

Sprachlaborübungen zum Einführungskurs Italienisch
(16 Lektionen auf 8 Tonbändern 9,5 cm/s. Halbspur)

Textheft zu den Übungen (99 Seiten, kartoniert)

Übungskassetten
(Übungen des Lehrbuchs auf 4 Kassetten)

CIP-Kurztitelaufnahme der Deutschen Bibliothek

Ernst, Gerhard:
Einführungskurs Italienisch / Gerhard Ernst. – 9., überarb. u.
erw. Aufl. – Tübingen : Niemeyer, 1988

ISBN 3-484-50052-2

INHALTSVERZEICHNIS

VORWORT ZUR NEUNTEN AUFLAGE

Dieser 'Einführungskurs Italienisch' wurde zunächst in erster Linie für Sprachkurse an den Universitäten geschaffen. Er wendet sich an erwachsene Lernende, die – womöglich mit Kenntnissen in anderen Fremdsprachen – sich solide Grundkenntnisse des Italienischen in möglichst kurzer Zeit aneignen wollen. Die Berücksichtigung dieses Zielpublikums, seiner Bedürfnisse und Voraussetzungen, hat methodische Konsequenzen:

a) eine relativ steile Progression, d. h. rascher Lernfortschritt
b) Beschränkung auf einen Grundwortschatz
c) in der Grammatik Beschränkung auf einen vorläufigen ersten Durchgang
d) eine relativ starke Berücksichtigung des kognitiven Elements, d. h. des Wissens über Regelhaftigkeiten der Sprache.

Neben die eigens für das Lehrbuch geschaffenen Texte treten allmählich (etwa ab Mitte des Kurses) Originaltexte, sei es als Grundlage der Lektion, sei es als ergänzende Lektüre. Originaltexte in Sprachlehrbüchern haben viele Vorzüge, jedoch auch einen Nachteil: Sie enthalten auch Vokabular, das über den in einem Einführungskurs zu vermittelnden Grundwortschatz hinausgeht. Solche Wörter werden hier nicht in Übungen verwendet, die eine aktive Beherrschung voraussetzen. Es liegt damit beim Kursleiter, welchen Stellenwert er etwa zahlreichen Bezeichnungen in der Speisekarte der 4. Lektion oder den bürokratischen Termini im Formular der 10. Lektion geben will. Entsprechendes gilt für das im Lautkurs herangezogene Vokabular: Es besteht zum größten Teil aus Eigennamen oder Termini der Musik, der Kunst, der Gastronomie, die einem durchschnittlichen Lernenden bereits bekannt sind. Das darüber hinausgehende lexikalische Material kann natürlich erst bei einem nochmaligen Auftreten in einer der folgenden Lektionen als voll in den Kurs integriert betrachtet werden.

Gegenüber den früheren Auflagen werden in dieser 9. Auflage mehr Übungsmöglichkeiten geboten. Die seit der 3. Auflage erschienenen Sprachlaborübungen (mit eigenem Textheft) waren und sind vor allem für die Institutionen bestimmt, die Kurse abhalten. Die zusammen mit der jetzigen Auflage erscheinenden Kassetten (4 Kassetten, ca. 15 Minuten Übungen pro Lektion) ermöglichen dem Lernenden ein intensiveres Üben und die selbständige Kontrolle seiner sprachlichen Fertigkeiten. Generell wurde die Zahl der Übungen vermehrt.

Zur Arbeit mit den Kassetten:

Übungen, die sich auf Kassette befinden, sind mit einem Asterisk (*) gekennzeichnet. Einige wenige dieser Übungen sind speziellen Problemen der Aussprache, der Intonation und der Beziehungen zwischen Schreibung und Aussprache gewidmet (L 1/1a und b, L 2/1a und b, L 2/5, L 3/1, L 4/1). In den
meisten Fällen werden jedoch bestimmte (grammatische) Sprachstrukturen
eingeübt.

Zu beachten sind folgende Punkte:

Nur einige Nachsprechübungen haben das 2-Phasen-System:

Lehrer	a	b
Schüler	spricht a nach	spricht b nach

Die meisten Übungen haben ein 4-Phasen-System:

Lehrer	Stimulus a	Korrektur a'
Schüler	a' (1. Versuch)	spricht a' nach

Auf die Anweisung folgt jeweils ein Beispiel, das sämtliche 4 Phasen (einschließlich der beiden Schülerantworten) enthält; zur Vermeidung von Unklar-
heiten erscheinen gelegentlich zwei Beispiele.

Bei Umformungsübungen ist rein mechanisch vorzugehen, z. B.:
Mettete al plurale: *mio fratello* → *i miei fratelli*
Wird jedoch die Antwort auf eine Frage verlangt, so ist die Sprechsituation
zu berücksichtigen, z. B.:
Date una risposta: *Dov'è tuo fratello?* → *Ecco mio fratello.*
Manchem Lernenden fällt das Üben leichter, wenn er gleichzeitig im Buch
mitliest; man sollte jedoch dahin kommen, daß man schließlich die Übung auch
rein auditiv, d. h. ohne Zuhilfenahme des Buches bewältigt.

Mein herzlicher Dank gilt allen Mitarbeitern, Freunden und Rezensenten, die
im Lauf der Jahre mit Anregungen und kritischen Bemerkungen die Entwick-
lung dieses Kurses begleiteten; stellvertretend für alle Oscar Pernwerth (Tu-
rin), meinem Freund und früheren Mitarbeiter, dessen Stimme noch in manchen Übungen zu hören ist, und unserer engagierten Lektorin Daniela Pecchio-
li, die das Sprechen der neu aufgenommenen Übungen besorgte.

Regensburg, August 1988   Gerhard Ernst

VIII

CARTA D'ITALIA

Val d'Aosta
AO

Piemonte
TO

Lombardia
MI

Trentino-AltoAdige
BZ
TN

Friuli - Venezia Giulia
UD
TS

Veneto
VE

Liguria
GE

Emilia - Romagna
BO

Toscana
FI

Marche
AN

Umbria
PG

Abruzzo
AQ

Lazio
ROMA

Molise
CB

Campania
NA

Puglie
BA

PT

Sardegna

CA

Basilicata

Calabria

Sicilia
PA
RC

LAUTKURS

Le lettere dell'alfabeto – Die Buchstaben des Alphabets

a	b	c	d	e	f	g	h	i	l	m
(a)	(bi)	(ci)	(di)	(e)	(effe)	(gi)	(acca)	(i)	(elle)	(emme)

n	o	p	q	r	s	t	u	v	z
(enne)	(o)	(pi)	(qu)	(erre)	(esse)	(ti)	(u)	(vu)	(zeta)

j (i lunga), *k* (cappa), *w* (doppia vu), *x* (ics), *y* (ipsilon) kommen nur in Fremd-
wörtern vor.

I suoni – Die Laute[1]

a) Le vocali – Die Vokale

Im allgemeinen sind die Vokale möglichst klar und deutlich auszusprechen. Das
gilt auch für die unbetonten Silben: *male* (schlecht, adv.), *domani* (morgen),
Torino, Milano. Der harte Vokaleinsatz des Dt. (Knacklaut) ist unbedingt zu
vermeiden (vgl. dt. Guten Abend).

a: klingt etwas heller als im Dt., d.h. die Artikulation muß etwas weiter
vorn im Mundraum erfolgen: *Milano, Toscana, Dante, Petrarca.*

ę:[2] (e aperta – offenes e) Nur in betonten Silben, immer im Diphthong *ie:*
Firenze, Venezia, Palermo, bene (gut, adv.), *senza* (ohne), *aperto* (offen); *Pietro, ieri* (gestern).

e:[3] (e chiusa – geschlossenes e) *Spoleto, Sardegna, meno* (weniger), *nero*
(schwarz), *la legge* (Gesetz).

---

1 Es werden nur die hauptsächlichen, vom Dt. abweichenden Besonderheiten besprochen.
  Was in [ ] steht, ist dadurch ausdrücklich als Laut gekennzeichnet.
2 Meist aus lat. *ĕ*, z.B. *bĕne.*
3 Meist aus lat. *ĭ, ē,* z.B. lat. *mĭnus, lēge.*

ǫ:[4] (o aperta – offenes o) Nur in betonten Silben, immer im Diphthong *uo: Aosta, Corsica, Po, andò* (er ging), *no* (nein); *l'uomo* (Mann, Mensch), *buono* (gut).

o:[5] (o chiusa – geschlossenes o) *Roma, Ancona, la voce* (Stimme), *sordo* (taub, stimmlos), *rosso* (rot), *la moglie* (Ehefrau).

In Silben, die keinen Hauptton tragen, gibt es keinen erkennbaren Unterschied von offenem und geschlossenem *e* und *o*. Im Auslaut sollte *o* nicht zu geschlossen ausgesprochen werden: *Spoleto, Torino, rosso, nero, buono.*
i, u sind möglichst geschlossen auszusprechen: *Torino, Sicilia, Milano, Siracusa, Puccini.*

I dittonghi – Die Diphthonge

ie, uo sind auf dem zweiten Bestandteil betont, der immer offen auszusprechen ist: *Pietro, ieri, buono, uomo.*
Bei den Diphthongen werden zwar *i* und *u* zu Halbvokalen, jedoch behält jeder Laut seinen Charakter. Das ist besonders zu beachten bei den Diphthongen *eu* und *ei* (*e-u* bzw. *e-i*, nicht *oi, ai* wie im Dt.): *Europa, Eugenio, neutro, sei* (sechs).

b) Le consonanti – Die Konsonanten

Die Doppelkonsonanten (*nn, pp, tt* etc.) werden zwar nicht als jeweils zwei Konsonanten gesprochen (man versuche dies einmal!), sie sind jedoch im Gegensatz zum Dt. lange Konsonanten. Im Dt. zeigt im Wort ,Mutter' das „Doppel-*t*" nur die Kürze des vorausgehenden Vokals an; das *t* selbst ist etwa genauso lang wie in ,Vater'. Im Ital. dagegen wird im Wort *ecco* (sieh da, da ist, frz. voici) die durch die Zungenartikulation verursachte Unterbrechung des Atemstroms verlängert gegenüber derjenigen in *eco* (Echo). Ebenso: *fummo* (wir waren) – *il fumo* (Rauch), *la valle* (Tal) – *vale* (es gilt) etc.

p, t, [k] Diese Laute sind wie im Frz., aber im Gegensatz zum Dt., nicht aspiriert, d.h. ohne nachfolgendes [*h*]: *Pompei, Perugia, Pirandello, Torino, Toscana, tedesco* (deutsch), *Como, Vaticano.*

b, d, [g] Diese Laute sind – im Gegensatz zum Süddt. – stimmhaft auszusprechen: *Bellini, Boccherini, Dante Alighieri, Verdi, Goldoni.*

[k] Vor Kons., vor *a, o, u* als *c* geschrieben: *Cristo, Vaticano, Cala-*

---

4 Meist aus lat. ŏ, z.B. *bŏnus, hŏmo.*
5 Meist aus lat. ŭ, ō, z.B. *sŭrdus, vōce.*

bria, Corelli, Corsica, Siracusa, piccolo (klein), *dimentico* (ich vergesse).

Vor *e* und *i* als *ch* geschrieben: *Cherubini, Boccherini, Michelạngelo; Machiavelli, De Chirico, dimentichi (du vergißt)*.

[tʃ] Wie dt. *tsch*, z.B. in *Bratsche*. Vor *e* und *i* als *c* geschrieben: *vivace* (lebhaft), *il violoncello, Puccini, Medici*. Vor *a, o* und *u* als *ci* geschrieben (*i* wird als graphisches Hilfszeichen nicht ausgesprochen!): *ciao, Boccaccio, Riccione, il braccio* (Arm).

[sk] Vor Kons., *a, o* und *u* als *sc* geschrieben: *scrivere* (schreiben), *Frascati, Pạscoli, tedesco, scusi* (entschuldigen Sie).

Vor *e* und *i* als *sch* geschrieben: *lo scherzo* (vgl. *Scherzo* als Begriff aus der Musik), *Ischia, Guareschi*.

[ʃ] Wie *sch* in dt. *Schule*. Vor *e* und *i* als *sc* geschrieben: *la scena* (Szene, Bühne), *crescendo, lo scirocco*.

Vor *a, o* und *u* als *sci* geschrieben (*i* wird als graphisches Hilfszeichen nicht ausgesprochen!): *lasciare* (lassen), *sciovinismo, pasta asciutta*.

[g] Vor Kons., *a, o* und *u* als *g* geschrieben: *grande* (groß), *Lago di Garda, Goldoni, pago* (ich bezahle), *Gubbio*.

Vor *e* und *i* als *gh* geschrieben: *i laghi* (Seen), *paghi* (du bezahlst), *il ghiaccio* (Eis), *il ghetto, spaghetti*.

[dʒ] Entspricht etwa dem *j* in engl. *John* oder dem *j* in frz. *jour* mit vorausgehendem stimmhaftem *d*. – Vor *e* und *i* als *g* geschrieben: *Genova, Michelangelo, gelato* (Speiseeis), *Gino, Luigi*.

Vor *a, o* und *u* als *gi* geschrieben (*i* wird als graphisches Hilfszeichen nicht ausgesprochen!): *Giacomo, Perugia, Giotto, adagio* (langsam, adv.), *Giuseppe*.

h Das Zeichen *h* ist graphisches Hilfszeichen: *De Chirico, Ischia, il ghiaccio*. Ferner aus Deutlichkeitsgründen, gestützt durch die Etymologie: *ho* (ich habe) – o (oder), *hanno* (sie haben) – *anno* (Jahr).

[λ] Es handelt sich um palatalisiertes *l*. Dabei sollen nicht *l* und *j* hintereinander gesprochen werden; eher ließe sich sagen, daß gleichzeitig eine Artikulation von *l* und *j* erfolgt. Geschrieben als *gl* vor *i*, als *gli* vor *a, e, o. u*; vgl. *gli* (Pluralform des Artikels), *Cagliari, le Puglie, la moglie, la famiglia*; jedoch: *Sicilia, Italia* (mit *l + i̯*).

[ñ] Geschrieben *gn*. Gesprochen wie *gn* in frz. *compagnon*. Es handelt sich um palatalisiertes *n*, also nicht um eine Aufeinanderfolge von *n* und *j*: *Sardegna, Romagna, Bologna*, jedoch: *Antonio, Polonia* (mit *n + i̯*).

[ku̯]	Geschrieben *qu*, nur vor folgendem Vokal. – Das *u* ist deutlich als Halbvokal zu sprechen, während es im Dt. (z. B. in *Quelle*) eher zum Kons. *w* tendiert: *l'acqua* (Wasser), *quando* (wann?), *Quirinale, L'Aquila.*
r	Ist in der Hochsprache immer ein gerolltes Zungenspitzen -*r*: *Roma, Ravenna, Umbria, quattro* (vier), *l'aprile, preparare* (vorbereiten).
v	Stimmhafter labiodentaler Reibelaut, wie *w* in der dt. Hochsprache: *Verona, Venezia, Vivaldi, avere* (haben).
[s]	Stimmloses s (s sorda) wie in dt. *reißen,* frz. *penser.* Dieser Laut steht

1. immer am Wortanfang vor Vokal: *Sardegna, Sicilia*
2. immer als langer Konsonant: *Tasso*
3. immer vor stimmlosen Konsonanten: *stupido* (dumm), *scrivere, la festa* (Fest-, Feiertag), *Frascati*
4. immer nach *l, n, r*: *il consiglio* (Rat), *Lago di Bolsena, Cọrsica*
5. manchmal zwischen Vokalen: *il mese* (Monat), *la casa* (Haus), *la cosa* (Sache), *chiuso* (geschlossen).

[z]	Der dem Laut [s] entsprechende stimmhafte Laut (s sonora), wie in hochdt. *reisen,* frz. *chose.* Dieser Laut steht

1. immer vor stimmhaften Konsonanten: *lo sbaglio* (Fehler, Versehen), *Svizzera* (Schweiz)
2. manchmal zwischen Vokalen: *la causa* (Ursache, Prozeß), *il museo* (Museum), *la chiesa* (Kirche).

[ts]	Stimmloses *z* wie in dt. Zeit (z sorda): *Lazio, Venezia, Firenze, Svizzera, senza.*
[dz]	Der dem Laut [*ts*] entsprechende stimmhafte Laut (z sonora): *zẹro* (Null), *azzurro* (blau).

Merke:

1. Für die offene oder geschlossene Aussprache von betontem *e* und *o*, sowie für die stimmhafte oder stimmlose Aussprache von *s* zwischen Vokalen sowie von *z* lassen sich keine festen Regeln angeben. Diese Laute werden in den Wörterverzeichnissen dieses Kurses folgendermaßen gekennzeichnet:

   ẹ = offenes *e: sẹnza*
   ọ = offenes *o: scirọcco*
   ṡ = stimmhaftes *s: chieṡa*
   ż = stimmhaftes *z: żẹro*

Nicht eigens gekennzeichnet werden: Geschlossenes *o* und *e* in betonter Silbe, offenes *e* und *o* in den Diphthongen *ie* und *uo*, stimmhaftes *s* vor stimmhaften Konsonanten, stimmloses *s* und *z*.

2. In der Frage des offenen oder geschlossenen *e* und *o*, sowie von stimmhaftem oder stimmlosem *s* und *z* bestehen große regionale Unterschiede: Viele Italiener machen die angegebenen Unterscheidungen nicht, bzw. machen sie in anderer Weise. Dennoch ist in der Hochsprache die Unterscheidung wichtig. Man vergleiche:

la legge	(Gesetz)	–	*lęgge*	(er liest)
la pesca	(Fischfang)	–	*la pęsca*	(Pfirsich)
colto	(gebildet)	–	*cǫlto*	(gepflückt)
la rocca	(Spinnrocken)	–	*la rǫcca*	(Festung)
mezzo	(überreif)	–	*mężżo*	(halb)

L'accento tonico – Die Betonung

a) Gewöhnlich wird im Ital. die vorletzte Silbe betont (parola piana)
b) Betonung auf der drittletzten Silbe (parola sdrucciola): *sdrucciolo, Napoli, pagano* (sie bezahlen), *dammelo* (gib es mir)
c) Betonung auf der viertletzten Silbe (parola bisdrucciola): *dimenticano* (sie vergessen)
d) Betonung auf der letzten Silbe (parola tronca): *andò* (er ging), *la città* (Stadt).

Die Betonung von Wörtern, die nicht auf der vorletzten Silbe betont werden, wird hier im Wörterverzeichnis und beim ersten Auftreten im Text jeweils durch einen untergesetzten Punkt gekennzeichnet. Diese Kennzeichnung wird auch bei Wörtern verwendet, die auf *i* + Vokal enden. Sie ist überflüssig bei den Vokalen *ę, ǫ*.

L'accento grafico – Der Akzent

Der Akzent ist vorgeschrieben:
a) auf der letzten Silbe, wenn diese betont ist: *città, così* (so), *più* (mehr).
b) auf einigen einsilbigen Wörtern bzw. Formen zur Unterscheidung von Homonymen, z. B.

è (er ist) – *e* (und)
là (dort) – *la* (fem. Artikel)
sì (Ja) = *si* (sich)

Gewöhnlich wird dabei der accento grave (`) verwendet; manchmal bedient man sich jedoch des accento acuto (´), um den Vokal gleichzeitig als geschlossen zu kennzeichnen: *né ... né* (weder ... noch), *perché* (weil, warum); oft auch auf *i* und *u*. Hierüber gibt es jedoch (im Gegensatz zum Frz.) keine bindenden Vorschriften.

L'uso delle maiuscole e delle minuscole – Groß- und Kleinschreibung

Im Italienischen werden alle Wörter mit kleinen Anfangsbuchstaben geschrieben. Ausnahmen bilden
a) Wörter am Satzanfang
b) Eigennamen (nomi propri): *Niccolò Machiavelli, Parigi, il Tevere, le Alpi, Corriere della Sera*
c) öffentliche Institutionen, Gesellschaften: *lo Stato, il Senato, CIT, ENI, DC, PCI*
d) Völkernamen (häufig, aber nicht ohne Ausnahme): *i Tedeschi* (die Deutschen), *i Romani* etc.; Adjektiva werden jedoch immer klein geschrieben: *il popolo tedesco* (das deutsche Volk)
e) verehrungswürdige Begriffe der Religion: *Dio* (Gott), *la Vergine* (Jungfrau Maria), *il Papa* (Papst)
f) die durch Kardinalzahlen bezeichneten Namen der Jahrhunderte: *il Novecento* (20. Jahrhundert)
g) Pronomina in der Höflichkeitsform: *Lei, Loro, Suo*.

LEZIONE 1

L'AULA

Ecco un'aula. Non è molto grande, ma lo spazio basta. E' l'aula delle lezioni d'italiano. Il professore parla. Gli studenti e le studentesse ascoltano. Uno studente non ascolta, ma guarda una studentessa. Sui tavoli ci sono i libri, i quaderni, le matite e le penne degli studenti. In un angolo c'è una piccola carta d'Italia. Qui c'è una lavagna verde. Il professore scrive sulla lavagna una parola difficile. L'arredamento non è bello, ma non è neanche brutto: è semplice e sobrio. La porta è chiusa, ma le due finestre sono aperte, perché oggi fa molto caldo.

GRAMMATICA

L'articolo indeterminato – Der unbestimmte Artikel

maskulin	feminin
un *quaderno*	**una** *parola*
un *angolo*	**un'***aula*
uno *studente*	**una** *studentessa*

Der männliche unbestimmte Artikel lautet gewöhnlich *un*, jedoch *uno* vor *s* + Konsonant, [ʃ] und *z*[1]. Der weibliche unbestimmte Artikel lautet *una*; vor folgendem Vokal wird er zu *un'* apostrophiert.

L'articolo determinato – Der bestimmte Artikel

Singolare – Singular

maskulin	feminin
il *quaderno*	**la** *parola*
l'*angolo*	**l'***aula*
lo *studente*	**la** *studentessa*

---

1 Auch vor anderen (sehr seltenen) Anlautkonsonanten bzw. -konsonantengruppen, z. B. *uno psicologo*.

Der männliche bestimmte Artikel lautet im Singular:
il vor Konsonant, *l'* vor Vokal, *lo* vor *s* + Konsonant, [ʃ] und *z*[1]. Der weibliche bestimmte Artikel lautet im Singular: *la* vor Konsonant, *l'* vor Vokal.

Plurale – Plural

maskulin	feminin
i *quaderni*	**le** *parole*
gli *angoli*	**le** *aule*
gli *studenti*	**le** *studentesse*

Beachte: Im Plural gibt es keine apostrophierten Artikelformen[2].

L'ordine delle parole nella frase – Die Wortstellung im Satz

Im gewöhnlichen Aussagesatz hat das Ital. die Stellung:
Subjekt – Prädikat – Objekt.
Das gilt auch nach vorangestellter Umstandsbestimmung:
Oggi il professore scrive le parole sulla lavagna.

Heute schreibt der Professor die Wörter an die Tafel.

La negazione – Die Negation

Die Negation *non* steht gewöhnlich unmittelbar vor dem konjugierten Verbum:

L'aula non è grande.   *Lo studente non scrive.*

Der Hörsaal ist nicht groß.   Der Student schreibt nicht.

c'è, ci sono[3] – „es gibt; da ist, sind"

Sul tavolo c'è un libro.
Dov'è il libro? Il libro è sul tavolo.

---

1   Auch vor anderen (sehr seltenen) Anlautkonsonanten bzw. -konsonantengruppen: *lo psicologo, lo yoga.*
2   Jedoch manchmal *gl'* ([ʎ]) statt *gli* vor anlautendem *i-*: *gl'italiani.*
3   Vgl. frz. *il y a.*

Das mit *c'è, ci sono* verbundene Subjekt (meist nachgestellt) ist gewöhnlich neu im Text („was ist auf dem Tisch?"); in der Regel gehen Umstandsbestimmungen, meist Ortsangaben, voraus.

ESERCIZI

*1. Hören Sie auf der Kassette den Lektionstext und sprechen Sie abschnittweise nach.

*2a. Leggete. – Lesen Sie: Ecco un'aula. L'aula non è grande.
Ecco un professore. Il professore non è piccolo.
Ecco uno studente. Lo studente non è stupido.
Ecco una studentessa. La studentessa non è bella.
Ecco una lavagna. La lavagna non è verde.
Ecco i libri. I libri non sono chiusi.
Ecco la porta. La porta non è chiusa.
Ecco le finestre. Le finestre non sono aperte.

*2b. asciutto, ecco, bello, brutto, anno, freddo, difficile, cattivo, penna, Giuseppe, acqua, Boccaccio, piccolo, a Roma, a Firenze;
facile, chiuso, perché, la chiave (Schlüssel), Giulio, la faccia (Gesicht), lo schiaffo (Ohrfeige), la scena, Giro d'Italia, Ghirlandaio, giallo (gelb), cominciare (beginnen), oggi.

*3a. Trasformate. Esempi: *una lavagna verde → La lavagna è verde.*
 due finestre aperte → Le finestre sono aperte.
un arredamento bello – una città brutta – due professori stupidi – una matita rossa – due studentesse brutte – un'aula piccola – un lago grande – uno scherzo stupido – due studenti cattivi.

3b. Setzen Sie den unbestimmten Artikel an die Stelle des bestimmten Artikels.
Esempio: *la lavagna → una lavagna*
la festa, lo sbaglio, la città, l'anno, la voce, il lago, l'uomo, lo zio, la zia, l'aula, la parola, la studentessa, il brutto scherzo, l'angolo.

4. Bilden Sie Fragen mit *dov'è . . . ?* (wo ist . . . ?), *dove sono . . . ?* (wo sind . . . ?)
Esempio: *Dov'è la lavagna? Dove sono i libri?*

5. Bilden Sie Fragen mit: *com'è . . . ?* (wie ist . . . ?), *come sono . . . ?* (wie sind . . . ?).
Esempio: *Com'è l'aula? Come sono le studentesse?*

6. Bilden Sie Fragen und geben Sie jeweils eine verneinende Antwort nach dem folgenden Muster:
È nera la lavagna? No, la lavagna non è nera, ma verde.

7. Bilden Sie Fragen und Antworten nach dem folgenden Muster:
Che cosa c'è a Roma? A Roma c'è il Colosseo.
Verwenden Sie dazu die folgenden Ortsangaben: in un angolo, sulla lavagna, sui tavoli, qui, in Italia.

*8. Trasformate. Esempi: *Ecco una matita.* → *Anche qui c'è una matita.*
Ecco due studenti. → *Anche qui ci sono due studenti.*
Ecco un esercizio facile. Ecco una chiesa. Ecco due finestre. Ecco un museo. Ecco una parola difficile. Ecco due studenti italiani. Ecco due studentesse tedesche. Ecco una finestra aperta.

9. Traducete. – Übersetzen Sie.

Der Hörsaal ist sehr klein. Der Raum reicht nicht aus. Wo sind die zwei Studentinnen? Die Studenten vergessen das schwierige Wort nicht. Es ist die erste Italienischlektion. Heute ist es nicht warm, aber es ist auch nicht kalt. Es ist kein (nicht ein) schwieriges Wort; der Professor schreibt das Wort nicht an die Tafel. Die Studentin betrachtet die Italienkarte. Die Studentin ist nicht häßlich, aber sie ist auch nicht sehr schön.

LEZIONE 2

LA LEZIONE D'ITALIANO

L'aula ha un aspetto abbastanza triste: le pareti bianche sono nude e dalla finestra vediamo un cielo coperto e piovoso. Che brutto tempo! La città è bella, ma purtroppo siamo lontani dal bel sole d'Italia. Da una settimana piove giorno e notte. Ma non parliamo troppo del tempo che fa; lavoriamo e cominciamo subito con gli esercizi pratici di pronuncia.

Il professore scrive le parole difficili. Gli studenti copiano le parole. Una studentessa alza la mano: "Scusi, professore, che cos'è lo scirocco?" Il professore spiega: "Lo scirocco è un vento caldo e umido che viene dal sud. Ha capito?" "Sì grazie, ho capito." "Allora, chi continua? Chi ha il coraggio? Avete forse paura? Siete stanchi? ..." "Dov'è il signor Mueller?" – "Non c'è, forse è malato." Ma proprio in questo momento entra il signor Mueller.

"Ecco lupus in fabula! Ma come mai arriva così tardi?" "Mi scusi, professore, non trovo più le chiavi della macchina e a piedi impiego molto tempo per arrivare all' università."

GRAMMATICA

Il sostantivo (genere e formazione del plurale) – Das Substantiv (Genus und Pluralbildung)

1. Substantiva auf -a sind gewöhnlich feminin (genere femminile); sie bilden den Plural auf -e:

   la parol**a** – **le** parol**e**

   Einige Substantiva auf -a (meist griechischen Ursprungs) sind maskulin (genere maschile) und bilden den Plural auf -i:

   il Pap**a** – **i** Pap**i**
   il dentist**a** – **i** dentist**i**
   il telegramm**a** – **i** telegramm**i** etc.

2. Substantiva auf -o sind gewöhnlich maskulin; sie bilden den Plural auf -i:

   il quadern**o** – **i** quadern**i**

   Einige Substantiva auf -o haben jedoch einen Plural auf -a; dieser wird mit dem Artikel le (und mit femininen Formen des Adjektivs) verbunden[1]:

   il dit**o** – **le** dit**a**
   il bracci**o** – **le** bracci**a** etc.

   Merke ferner: **la** man**o** **le** man**i**

3. Substantiva auf -e können maskulin oder feminin sein; hierfür lassen sich keine Regeln aufstellen; das Genus bzw. die Artikelform sind also jeweils mitzulernen. Diese Substantiva bilden den Plural auf -i:

   il professor**e** – **i** professor**i**
   la chiav**e** – **le** chiav**i**

4. Auf der letzten Silbe betonte Substantiva (auch einsilbige Substantiva) haben keine besondere Pluralendung:

   la citt**à** – **le** citt**à**

L'aggettivo – Das Adjektiv

Das Adjektiv richtet sich in Genus und Numerus nach dem dazugehörigen Substantiv.

---

1 Es handelt sich dabei um Reste des lat. Neutrums.

1. Die erste Gruppe von Adjektiven hat (je nach dazugehörigem Substantiv) im Sing. die Endungen -o, -a, im Pl. -i, -e.
2. Die zweite Gruppe von Adjektiven hat im Sing. die Endung -e, im Pl. -i. Man beachte, daß Subst. und Adj. nicht notwendigerweise die gleiche Endung haben: *la parete bianca, un aspetto triste.*

Die Übereinstimmung in Genus und Numerus gilt – anders als im Deutschen – bei attributiver wie bei prädikativer Verwendung des Adjektivs:

la finestra chiusa	–	*la finestra è chiusa*
das geschlossene Fenster	–	das Fenster ist geschlossen
le pareti bianche	–	*le pareti sono bianche*
die weißen Wände	–	die Wände sind weiß

Particolarità grafiche – Besonderheiten der Schreibung

Die Buchstaben *g, c* haben bekanntlich vor *e, i* eine andere Aussprache als vor *a, o, u.* Die Endung -e oder -i muß in diesen Fällen also eine Änderung entweder der Aussprache oder der Schreibung zur Folge haben. Meist entscheidet sich das Ital. für Beibehaltung der Aussprache unter Verwendung des üblichen Hilfszeichens *h.*

il lago	–	*i laghi*
tedesco	–	*tedeschi*
tedesca	–	*tedesche*

Nur bei einigen maskulinen Substantiven (vor allem bei solchen, die auf der drittletzten Silbe betont sind) und dem Pl. Mask. von solchen Adjektiven ändert sich die Aussprache.

l'amico	–	*gli amici*
il medico	–	*i medici*
pratico	–	*pratici*

Umgekehrt entfällt gewöhnlich im Pl. ein im Sg. notwendiges Hilfszeichen *i,* wenn dem (geschriebenen) *c* oder *g* ein Konsonant vorausgeht:

la faccia	–	*le facce*
la pronuncia	–	*le pronunce*
aber: *camicia*	–	*camicie*
valigia	–	*valigie*

Zwei aufeinanderfolgende *i* werden in der Schreibung (wie in der Aussprache) in eines zusammengezogen:

lo spazio, l'esercizio	–	*gli spazi, gli esercizi*

Jedoch nicht bei betontem *i*:

lo zio   –   *gli zii*
l'addịo   –   *gli addii.*

Elisione e troncamento – Kurzformen

Einige Adjektiva haben z. T. verkürzte Formen. Beispiele:

buono: *un buon medico, un buon uomo; di buon'ora* (frühzeitig), *una buona macchina.* Im Pl. keine Besonderheiten[1].

bello: *il bel sole, un bell'uomo; una bella macchina, una bell'aria; bei laghi, begli angoli, begli spiriti* (Schöngeister), *belle macchine*[2].

grande: *un gran pittore* (Maler), *in gran misura* (Maß). Troncamento erfolgt hier nur vor konsonantisch anlautendem Wort im Sg. Es ist bei *grande* nicht obligatorisch.

santo: *San Pietro, Sant'Antonio, Santo Spirito; Santa Francesca, Sant'Agnese.*

Ähnliche Kurzformen auch bei manchen anderen Wörtern, wo dem Auslautvokal *e* oder *o* ein *l, r, m, n* vorausgeht und eine enge syntaktische Beziehung zum folgenden Wort besteht: *il signor M., il dottor Bianchi, il professor Rossi, far bene* ecc.

L'indicativo presente – Indikativ Präsens[3]

I verbi ausiliari *avere* ed *essere* – Die Hilfsverben "haben" – "sein"

avere	ho	abbiamo	essere	sono	siamo
	hai	avete		sei	siete
	ha[4]	hanno[4]		è[4]	sono[4]

---

1   *buono* verhält sich vor einem Subst. wie der unbest. Artikel.
2   *bello* verhält sich vor einem Subst. wie der best. Artikel.
3   Im Italienischen steht gewöhnlich kein Subjektspronomen (vgl. L 3).
4   Auch als Höflichkeitsform: *Ha capito?* – Haben Sie verstanden?
                 E' malato? – Sind Sie krank?

I verbi in -*are*

trovare	*trov-* **o**	*trov-* **iamo**[1]
	trov- **i**	*trov-* **ate**
	trov- **a**[2]	*trọv-* **ano**[2]

Beachte die Betonung der 3. Pers. Plur.:
dimẹntico, telẹfono → *dimẹnticano, telẹfonano*.
   Bei Verben auf -*are* mit Stammauslaut *c* oder *g* wird auch vor *i* und *e* die
Aussprache unter Verwendung des Hilfszeichens *h* bewahrt:
spiego – *spieghi, spieghiamo*.
   Ein vor *a, o, u* notwendiges Hilfszeichen *i* entfällt vor *i* (und *e*): *comincio* –
cominci, cominciamo.

Intonation von Wortfragen

Mit einem Fragewort eingeleitete Fragen haben gewöhnlich eine fallende Intonation: *Dov'è il signor Mueller?*

ESERCIZI

*1. Hören Sie auf der Kassette den Lektionstext und sprechen Sie abschnitt-
weise nach.

*2a. Leggete: Giulio, ghiaccio, cioccolata (Schokolade), Riccione, Boccaccio,
chiaro (klar), Chioggia, le braccia, chiave, cominciamo, Guicciardini.

*2b. Leggete: Dov'è la moglie? La moglie è in Italia. Parliamo di Cagliari.
Cagliari è in Sardegna. Veniamo da Bologna. Antonio guarda Agnese.
Gli studenti sono in Polonia.

3. Mettete al plurale.
Esempio: *la parola* → *le parole*
l'aula, l'angolo, lo spazio, il tempo, la parete, l'esercizio, il vento, la mano,
la macchina, il dito, la sveglia, la moglie, il medico, l'addio, la faccia, lo
studente sobrio, il brutto scherzo, il professore stanco, il farmacista tedesco, la valigia grande.

4. Setzen Sie vor die folgenden Substantiva das jeweils angegebene Adjektiv.
Esempio: *una pronuncia* → *una buona pronuncia*

---

1   Auch zur Aufforderung: *Cominciamo* – Fangen wir an!
2   Auch als Höflichkeitsform: *Come mai arriva così tardi?*

buono:	una pronuncia, il padre, una macchina, un aspetto, lo zio, un arredamento, un medico.
bello:	la voce, i laghi, il tempo, una studentessa, un angolo, un giorno.
santo:	Francesco, Stefano, Barbara, Apollonia, Lucịa, Spirito, Trinità, Ambrogio, Paolo.

*5. Übung zu Fragewörtern, zur Intonation von Wortfragen und von Antworten (nur auf Kassette).

6. Trovate delle risposte alle domande seguenti. – Finden Sie Antworten auf die folgenden Fragen: Com'è l'arredamento, il tempo, la notte, l'acqua, la pronuncia, la città, il ghiaccio? Come sono le chiese, le lavagne, le aule, gli esercizi, le pesche, gli studenti?

*7. Rispondete nel modo indicato.
Esempi: *Cominci subito? (No)* → *No, non comincio subito.*
Sei malato? (Sì) → *Sì, sono malato.*
Sei italiano? (Sì) – Hai una bella moglie (Sì) – Dimentichi la moglie? (No) – Telefoni molto? (Sì) – Siete tristi? (No) – Avete molti amici? (Sì) – Mangiate bene? (Sì) – Pagate troppo? (No).

8. Coniugate all'indicativo presente. – Konjugieren Sie im Ind. Präs.: non ascoltare, arrivare sempre tardi, cominciare, non parlare molto, entrare nell'aula, lasciare, presentare un amico, essere malato, pagare, mangiare bene, dimenticare la chiave della macchina, non avere tempo.

9. Traducete. – Der Student kommt nicht zu Fuß. Leider sind die Autoschlüssel nicht da. Die Professoren arbeiten nicht immer. Leider ist die Einrichtung zu nüchtern. Der Papst erhebt die Hände. Warum seid ihr so traurig? Wie ist das Wetter? Heute ist der Himmel klar; es regnet nicht, es ist warm; es ist wirklich schön (schönes Wetter). Leider vergessen wir (vergessen die Studenten) sofort die schwierigen Wörter. Der Onkel spricht von (*di*) einem schönen See. Warum kommst du so spät an? Ihr habt ein sehr schönes Haus. Wer hat einen Bleistift? Da ist ein Bleistift.

UNA LETTERA

Caro Eugenio,

Come stai? Per voi in Germania le vacanze sono già finite e tu stai a scuola e
ricominci a studiare la matematica, le lingue classiche e moderne e tutta quella
roba. Povero te! Io invece sono ancora in vacanza. Da noi le vacanze estive sono
abbastanza lunghe; esse durano dalla fine di giugno fino ai primi giorni di
ottobre. Per la Pasqua invece noi abbiamo una sola settimana libera.
Io penso molto a te; perchè non vieni l'anno prossimo a passare le vacanze
con noi?
Anche quest'anno passo il periodo estivo con i miei genitori all'isola d'Elba.
Le altre volte siamo stati all'albergo Bellavista. Questa volta, invece, abbiamo
un villino tutto per noi. La nostra casa è spaziosa, con le sue tre camere (un
grande soggiorno al pianterreno, due camere da letto al primo piano), il bagno
e una piccola cucina. La casa è attrezzata molto bene: abbiamo un grande
frigorifero, una radio e perfino un televisore. Dalla casa abbiamo una bellissima vista sul mare. Intorno alla casa c'è un magnifico giardino con begli alberi e
con molte piante caratteristiche delle coste del Mediterraneo. Mio padre fa la
pesca subacquea nelle acque azzurre del golfo di Procchio. La mia sorellina
impara a nuotare. C'è anche un ragazzo della sua età, un tedesco come te. Lui è
un tipo poco simpatico; molto spesso accompagna mia sorella nelle sue passeg-
giate, e lei, quella stupida, ascolta con piacere i suoi complimenti idioti. Loro
stanno insieme tutto il giorno, io invece resto alla spiaggia con mio padre.
Aspetto una tua lettera sulle tue prime esperienze nel nuovo anno scolastico.
E i tuoi genitori, come stanno? Non dimenticano i loro amici italiani?

Cordiali saluti
tuo Michele.

GRAMMATICA

stare – s. befinden, in einem Zustand sein

sto	stiamo
stai	state
sta	stanno

dare – geben

do	diamo
dai	date
dà	danno

Le preposizioni articolate – Präpositionen mit Artikel

Einige Präpositionen gehen mit dem bestimmten Artikel besondere Verbindungen ein (vgl. dt.: *vom, zur* etc.; frz.: *du, aux* etc.):

$a + il \rightarrow al$
$a + lo \rightarrow allo$
$a + l' \rightarrow all'$ etc.

	Singular				Plural		
	Mask.			Fem.		Mask.	Fem.
a:	*al,*	*allo,*	*all'*	*alla,*	*all'*	*ai,*	*agli*	*alle*
di:	*del,*	*dello,*	*dell'*	*della,*	*dell'*	*dei,*	*degli*	*delle*
da:	*dal,*	*dallo,*	*dall'*	*dalla,*	*dall'*	*dai,*	*dagli*	*dalle*
in:	*nel,*	*nello,*	*nell'*	*nella,*	*nell'*	*nei,*	*negli*	*nelle*
su:	*sul,*	*sullo,*	*sull'*	*sulla,*	*sull'*	*sui,*	*sugli*	*sulle*[1]

Beispiele: *al cinema, dello scirocco, dalla casa, nei giardini, sugli alberi, dell'aula, sull'albero.*

Il pronome personale tonico – Das betonte Personalpronomen

a) Soggetto – Subjekt

Dem Dt. „ich finde" (2 Wörter) entspricht im Ital. *trovo* (1 Wort); ein Subjektspronomen ist im Ital. gewöhnlich nicht nötig (wie im Lat., jedoch im Gegensatz zum Dt., Frz., Engl.). Soll jedoch das Subjekt besonders hervorgehoben werden, so stehen dafür die folgenden Pronomina:

io	ich	*noi*	wir
tu	du	*voi*	ihr
lui	er	*loro*	sie (m.)
lei	sie	*loro*	sie (f.)

---

1 Auch für die Präposition *con* existieren derartige Verbindungen, sie sind jedoch nicht obligatorisch: *col, collo, coll', colla, coll', coi, cogli, colle*; jedoch auch *con il* etc. Veraltet sind die Verbindungen mit *per* (für): *pel, pello* etc.

Als Höflichkeitsform (forma di cortesia) werden verwendet: *Lei*[1] (Sg.). *Loro* (Pl.).

Man beachte besonders zur 3. Person:
1. Bezieht sich das Pronomen auf eine Sache oder ein Tier, so stehen dafür im Sg. *esso, essa*, im Pl. *essi, esse*; diese Pronomina sind gelegentlich auch für Personen möglich.
2. Neben *lui* findet sich – besonders in schriftlichen Texten – *egli*[2]. Es wird weniger zur besonderen Hervorhebung des Subjekts als vielmehr zur größeren Deutlichkeit in längeren Abschnitten verwendet.

Die obengenannten Pronomina stehen als betontes Subjekt:
Tu ricominci a studiare, io invece sono ancora in vacanza. – *Chi arriva? Io, tu, lui.... – Anche lei impara a nuotare.* – *Non viene nemmeno* (nicht einmal) *lui.* – *Chi è? Sono io. E' lui.*

b) Oggetto – Objekt

me	*noi*
te	*voi*
lui	*loro*
lei	*loro*

Höflichkeitsform ist *Lei* bzw. *Loro.*

Man beachte besonders zur 3. Person:
Bezieht sich das Pronomen auf eine Sache oder ein Tier, so stehen dafür im Sg. *esso, essa*, im Pl. *essi, esse*; diese Pronomina sind gelegentlich auch für Personen möglich (veraltender Gebrauch).

Die betonten Objektspronomina werden verwendet:
1. nach Präpositionen: *con me, da te, per lui* etc.
2. als betonte Objektsformen: *lo zio chiama me, non te.*
3. im Prädikat nach *essere*: *io non sono lui, non sono te.*
4. in Ausrufen: *Povero me!*
5. nach *come* und *quanto* (soviel wie): *io sono povero come te.*

---

1   Das feminine Pronomen, weil ursprünglich zugrunde liegt: *la Vostra Signoria* „Euer Gnaden, Eure Herrlichkeit".
2   Etwas seltener (veraltet) *ella* neben *lei*.

Il pronome possessivo – Possessivpronomen

Singular

m.	f.	m.	f.
il mio	*la mia*	*il nostro*	*la nostra*
il tuo	*la tua*	*il vostro*	*la vostra*
il suo	*la sua*	*il loro*	*la loro*

Höflichkeitsform: *il Suo (la Sua), il Loro (la Loro)*

Plural

m.	f.	m.	f.
i miei	*le mie*	*i nostri*	*le nostre*
i tuoi	*le tue*	*i vostri*	*le vostre*
i suoi	*le sue*	*i loro*	*le loro*

Höflichkeitsform: *i Suoi (le Sue), i Loro (le Loro)*

Die Possessivpronomina sind (mit Ausnahme von *loro*[1]) veränderlich und richten sich in Genus und Numerus nach dem dazugehörigen Substantiv, d. h. nach der „besessenen Sache".

Bei Verwandtschaftsbezeichnungen im Singular steht das Possessivpronomen ohne Artikel[2]: *mia madre, vostro zio, tua sorella.*

Jedoch gibt es auch hierzu Ausnahmen. Entgegen dieser Hauptregel muß bei Verwandtschaftsbezeichnungen der Artikel stehen:
a) bei *loro: il loro padre, la loro nonna*
b) bei den Kosenamen *mamma, babbo, papà*
c) wenn ein Adjektiv hinzutritt: *la sua cara madre*
d) wenn ein Suffix an die Verwandtschaftsbezeichnung tritt: *il mio fratellino, la sua sorellina.*

Auch der unbestimmte Artikel ist beim Possessivpronomen möglich: *un mio amico* – ein Freund von mir; *un suo libro* – ein Buch, das ihm gehört, eines seiner Bücher.

Merke:

Di chi è questo libro? – Wem gehört dieses Buch?
(Questo libro) è mio, tuo, . . . nostro. E' del professore.

---

1 *loro* ist unveränderlich, da es aus dem lat. Genitiv ‚illorum' hervorgegangen ist.
2 Auch bei Briefunterschriften: *tuo Michele.*

Il pronome dimostrativo – Demonstrativpronomen

questo	dieser
quello	jener[1]

questo, -a werden vor Vokal apostrophiert: *quest'anno, quest'aula.* Zu *quello* vgl. die folgenden Beispiele: *quel momento, quell'anno, quello sguardo, quei momenti, quegli anni (sbagli), quella macchina, quell'acqua, quelle macchine.*[2] Zum Gebrauch merke: *Che macchina è questa?* ... ist das? *Questa è una macchina francese* – Das ist ... *Questi sono i miei amici* – Das sind meine Freunde.
Auch mit Bezug auf Sachverhalte bzw. Sätze: *Questo non è bello* – Das (= was du eben gesagt/getan hast) ist nicht schön.

ESERCIZI

*1. Leggete: Anagni, Perugia, San Gimignano, Cinzano, Parigi, Ischia, Scilla, Chioggia, Civitavecchia, Sciacca, Chiavenna, Scanno, Bracciano.

2. Aggiungete le preposizioni articolate – Setzen Sie die Präpositionen mit Artikel ein.
   Esempio: *gli amici → le parole degli amici*
   le parole di: amici, marito, studente, sorella, nipoti
   l'arredamento di: aula, casa, albergo
   lontano da: città, amici, Italia, isola, Alpi, Tevere, giardini
   Che cosa c'è su: tavolo, parete, pareti?
   Presento l'amico a: professore, moglie, zio, cugino, nonni.
   Il ragazzo si trova in: aula, giardino, bella Italia.

*3. Trasformate. Esempio:
   La nonna ha un giardino magnifico. → Il giardino della nonna è magnifico.
   L'aula ha un arredamento semplice. – Lo zio ha una casa spaziosa. – Gli amici hanno una macchina tedesca. – La studentessa ha un fratello molto stupido. – I ragazzi hanno una camera grande. – Il professore ha una figlia intelligente. – L'albergo ha un arredamento moderno. – Le ragazze hanno una camera piccola. – Il dentista ha una suocera cattiva.

---

1   Veraltet bzw. wenig gebraucht *codesto, -a* für Dinge, die sich beim Angeredeten befinden.
2   Vergleiche die Formen des bestimmten Artikels.

4. Aggiungete i pronomi possessivi.
   Esempio: *macchina → la mia macchina*
   mio: macchina, nonno, matita, quaderni, sorelle, cugino, sbagli.
   tuo: cara madre, zii, casa, amici, suocero, alberghi.
   suo: voce, bella moglie, figli, consiglio, pronuncia, nuora.
   nostro: città, popolo, genitori, mamma, sbagli, padre.
   vostro: nipoti, roba, sorellina, causa, figlia, giardino.
   loro: fratello, quaderni, pronuncia, camera, genero, parole.

*5. Übung zu den Possessivpronomina (nur auf Kassette).

*6. Bilden Sie Fragen und Antworten nach folgendem Muster:
   una macchina francese → Che macchina è questa? Questa è una macchina francese.
   la camera da letto, i libri d'italiano, il Lago di Garda, la chiave della macchina, macchine tedesche, un vestito di mia sorella, una parola tronca.

*7. Fragen Sie jeweils nach dem Besitzer unter Verwendung des folgenden Satzmusters:
   la macchina di mio fratello → Di chi è questa macchina? (Questa macchina) è di mio fratello?
   la casa del professore, i libri d'Eugenio, la tua camera, il mio quaderno, il vestito di mia sorella, la roba di Michele, le vostre pesche, la voce di un tuo amico, la mia matita, il nostro frigorifero, il giardino di vostra nonna.

8. Traducete. – Wie geht es Dir? – Es geht mir nicht sehr gut. Meine Freunde sind in Ferien, ich dagegen bleibe hier, weil ich krank bin. Mein Bruder bleibt bei (*con*) mir; er bereitet sein Examen vor. – Der Arme! Und deine Eltern? – Auch meine Eltern sind nicht da; sie verbringen zwei Wochen in (*a*) Nürnberg, bei unseren Großeltern. Diese Ferien sind nicht sehr schön für mich. Und du, wo verbringst du die Ferien? – Auf der Insel Elba; in diesen Monaten ist jene Insel sehr schön. Wir wohnen im Hotel Bonaparte. Wir erwarten auch Elisabetta, meine Kusine, die drei Wochen mit uns verbringt.
   Warum gibst du nicht jenes Heft deinem Bruder? Den Studenten geht es nicht immer gut. Diese Kleider stehen meiner Schwester nicht. Warum steht ihr?

AL RISTORANTE

Bruno ed Alessandro camminano tutta la mattina per le strade di Roma. Alla fine sono stanchi e affamati.

Bruno: "Non hai fame? Perchè non andiamo a pranzo? E' già l'una e mezzo ed io ho una fame da lupo."

Alessandro: "Hai ragione. Andiamo in quel ristorante all'angolo della strada, che sembra buono, ma non troppo caro."

Bruno: "D'accordo, io ci sto."

I due amici entrano nella sala. Quanta gente a quest'ora! Finalmente trovano un tavolo libero a due posti. – "Cameriere, la lista, per favore." – "Subito, signore."

Tutt'e due mangiano con buon appetito la loro pasta asciutta, anche se non è più molto calda. Per secondo Bruno ordina un mezzo pollo con patatine fritte e insalata mista, Alessandro prende una scaloppina alla milanese. "E come contorno?" – "Che cosa c'è?" – "Insalata di pomodori, insalata verde, patate lesse, piselli al burro, fagioli . . ." "Prendo i fagioli."

Bruno: "Ti piace il vino?"

Alessandro: "E' un po' secco".

Bruno: "A me invece piace molto. I vini dei Castelli sono così; i vini dolci non sono da pasto, ma da dessert".

Alla fine il cameriere porta il conto: 26 500 lire. „Il servizio è già compreso?" – "Sì, signore." – A Bruno il prezzo sembra un po' esagerato, ma paga senza protestare. Alessandro lascia un po' di mancia sul tavolo. – "Che cosa facciamo adesso?" – "Prendiamo un caffè al bar qui vicino. Un buon caffè fa bene dopo pranzo."

Da Peppino

RISTORANTE

Lista del giorno		Tageskarte
Pane e coperto	Brot und Gedeck	L. 1500
Antipasto	Vorspeisen	
Antipasto misto	gemischte Vorspeise	$s.q.^{1}$/n. Gr.
Salame toscano	toskanische Salami	L. 1600
Prosciutto crudo	roher Schinken	L. 2800
Carciofi	Artischocken	L. 2000
Insalata russa	russischer Salat	L. 2500
Primo	Erster Gang	
Zuppa di verdura	Gemüsesuppe	L. 2000
Zuppa pavese	Zuppa Pavese	L. 2000
Tortellini in brodo	Ravioli in Kraftbrühe	L. 2500
Risotto alla milanese	Risotto, Mailänder Art	L. 3800
Spaghetti alla bolognese	Spaghetti, Bologneser Art	L. 3800
Spaghetti alla napoletana	Spaghetti, Neapolitaner Art	L. 3400
Lasagne verdi	grüne Lasagna	L. 3600
Tortellini alla panna	Ravioli in Rahmsauce	L. 3600
Secondo	Zweiter Gang	
Pesce	Fischgerichte	
Cozze alla marinara	Muscheln in Öl u. Gewürzen	L. 6000
Sogliola al burro	Seezungenfilet in Butter	L. 9000
Fritto di scampi e calamari	Krebse u. Tintenfische, gebacken	L. 10000
Trota	Forelle	L. 8800

---

1 s.q. = secondo quantità.

Carne	Fleischgerichte	
Involtini alla romana, puré	Rouladen, röm. Art,	
	Kartoffelbrei	L. 8200
1/2 pollo arrosto	1/2 Hähnchen, gebraten	L. 7500
Manzo bollito	Rindfleisch, gekocht	L. 5000
Fegato di vitello alla	Kalbsleber, Venezianische	
veneziana	Art	L. 5800
Scaloppina alla milanese	Wiener Schnitzel	L. 5200
Costoletta alla Pizzaiola	Kalbskotelett alla Pizzaiola	
	(in Tomatensauce)	L. 5400
Saltimbocca alla romana	Saltimbocca alla romana	L. 6000

Verdure	Gemüse und Salate	
Insalata di pomodori	Tomatensalat	L. 2000
Insalata verde	Grüner Salat	L. 1800
Spinaci al burro	Spinat in Butter	L. 2000
Fagioli all'olio	weiße Bohnen in Öl	L. 2000
Finocchi	Fenchel	L. 1800
Cavolfiore bollito	Blumenkohl, gekocht	L. 1800

Formaggi	Käse	
Provolone, Gorgonzola, Parmigiano, Groviera, Bel Paese		s.q./n.Gr.

Dolci	Süßspeisen	
Torta di mele	Apfelkuchen	L. 2500
Crême Caramel	Crême Caramel	L. 2500
Ananas con gelato	Ananas mit Eis	L. 2500
Macedonia con gelato	Obstsalat mit Eis	L. 2500
Cassata	Cassata	L. 2800

Frutta	Obst	
Pesche sciroppate	Pfirsichkompott	L. 1300
Frutta fresca di stagione	Frischobst je nach	
	Jahreszeit	L. 1500

Bevande	Getränke	
1/4 Chianti rosso	1/4 Chianti, rot	L. 2000
1/4 Valpolicella	1/4 Valpolicella	L. 1800
1/4 Frascati	1/4 Frascati	L. 2000
1/2 Birra Italiana	1/2 ital. Bier	L. 1800
1/2 Birra Tedesca	1/2 deutsches Bier	L. 2200

GRAMMATICA

andare – gehen, fahren   **fare** – machen, tun

vado	*andiamo*	*faccio*	*facciamo*
vai	*andate*	*fai*	*fate*
va	*vanno*	*fa*	*fanno*

tutto

tutto,	*-a*	ganz
tutti,	*-e*	alle

Der bestimmte oder unbestimmte Artikel steht zwischen der jeweiligen Form von *tutto* und dem Substantiv:

tutta la mattina	–	den ganzen Morgen (lang)
tutto un mese	–	ein ganzer Monat
tutto il popolo	–	das ganze Volk
tutti i popoli	–	alle Völker

Merke:

tutti(-e) e due (oder: tutt'e due)	–	*alle beide*
tutt'e tre	–	*alle drei etc.*

I numeri – Die Zahlen

zero	0	*quattordici*	14	*trentuno*	31
uno, -a	1	*quindici*	15	*quaranta*	40
due	2	*sedici*	16	*cinquanta*	50
tre	3	*diciassette*	17	*sessanta*	60
quattro	4	*diciotto*	18	*settanta*	70
cinque	5	*diciannove*	19	*ottanta*	80
sei	6	*venti*	20	*novanta*	90
sette	7	*ventuno*	21	*cento*	100
otto	8	*ventidue*	22	*centouno*	101
nove	9	*ventitré*	23	*centodue*	102
dieci	10	...	...	...	...
undici	11	*ventotto*	28	*centoventicinque*	125
dodici	12	*ventinove*	29	*duecento*	200
tredici	13	*trenta*	30	...	

novecento	900	centomila	100 000
mille	1 000	un milione	1 000 000
due mila	2 000	un miliardo	1 000 000 000

La data – Das Datum

Nomi dei mesi – Monatsnamen

il	gennaio	luglio	Merke:
	febbraio	agosto	nel mese di maggio
	marzo	settęmbre	in maggio
	aprile	ottobre	
	mąggio	novęmbre	
	giugno	dicęmbre	

I giorni della settimana – Wochentage

il	lunedì	venerdì	Merke:
	martedì	sąbato	giovedì – am Donnerstag
	mercoledì	la domęnica	il giovedì – jeden Donnerstag
	giovedì		giovedì prossimo – nächsten Donnerstag
			giovedì scorso – vergangenen Donnerstag
ieri	gestern		
ǫggi	heute		
domani	morgen		

Le stagioni – Jahreszeiten

la primavęra	– Frühling	l'autunno	– Herbst
l'estate f.	– Sommer	l'invęrno	– Winter
in primavera	in autunno		
d'estate	d'inverno		

Date e ore – Datums- und Zeitangaben

Quanti ne abbiamo oggi?
Che data abbiamo oggi?　　Der wievielte ist heute?

(Oggi ne abbiamo) 27 / Oggi è il 27 settembre – Heute ist der 27. Sept. (Kardinalzahlen bei Datumsangabe; jedoch: il primo settembre – der 1. September) *il 21 gennaio* – am 21. Januar

Che giorno è oggi? *Oggi è mercoledì.*

Che ora è?
Che ore sono? Wieviel Uhr ist es?

A che ora...? – Um wieviel Uhr...?
Alle 15 e mezzo (15.30) – Um ½4 Uhr

Sono le due, le tre ... È l'una, mezzogiorno
sono le quattro e mezzo (4.30)
sono le quattro e un quarto (4.15)
sono le cinque meno un quarto (4.45)
sono le quattro e venticinque (4.25)
sone le cinque meno dieci (4.50)

Le parti del giorno – Tageszeiten

la mattina   la sera
il meżżogiorno la nọtte
il pomerịggio   la meżżanotte

L'anno – *nel 1945 (millenovecentoquarantacinque)*

I sẹcoli – Die Jahrhunderte

il ventẹsimo secolo = il Novecento (il '900) = 20. Jahrhundert

Zeitbestimmungen (Frage: *quando?* – wann?) stehen meist ohne Präposition: *Che cosa fai la sera, l'autunno, domenica prossima?*

L'età (f.) – Das Alter

Quanti anni hai? – Wie alt bist du?
Ho 15 anni. – Ich bin 15 Jahre alt.

Formule allocutive – Anredeformeln

Subito, signore (signora). – Sofort, mein Herr (gnädige Frau).
Scusi, professore. – Entschuldigen Sie, Herr Professor.
Dottore, mangia con noi? – Herr Doktor, essen sie mit uns?

ESERCIZI

A. Ripetizione – Wiederholung

*1. Leggete i seguenti nomi di città italiane: Genova, Cervia, San Gimignano, Civitavecchia, Viareggio, Riccione, Chioggia, Brescia, Piacenza, Caltagirone, Sciacca, Agrigento, Reggio Emilia, Vercelli, Foggia, Lecce.

2. Coniugate all'indicativo presente (con e senza pronome personale): portare a casa, mangiare al ristorante, fare una passeggiata con i (miei) genitori, non stare bene, camminare per la città, ordinare un pranzo, non pagare tutto, esagerare, andare dal medico, non essere triste, avere una fame da lupo, dare uno schiaffo.

3. a) Mettete al plurale.
   Esempio: *nell'aula → nelle aule*
   il pomeriggio, sul tavolo, all'amico, del servizio, al bar, con la mano, della ragione, all'angolo, nel castello, in quel momento, dal medico.
   b) Mettete al singolare.
   Esempio: *nelle aule → nell'aula*
   dei pomodori, con i pasti, dei prossimi anni, nelle acque, dagli alberi, a quegli stupidi.

4. Sostituite i puntini con i pronomi personali: Caro Eugenio, come stai? . . . sto molto bene, ma . . . vai già a scuola (Schule). Povero . . .! . . . tedeschi non avete le vacanze così lunghe come . . . in Italia. E Claudia, tua sorella, come sta? . . . è molto simpatica a . . . e ai miei genitori. – Qui c'è anche un signor Mueller della tua città. . . . è un tipo poco simpatico, anche se piace a mio padre. . . . fanno insieme la pesca subacquea.

5. Aggiungete i pronomi possessivi.
   Esempio: *(mio) amica → la mia amica*
   (mio): chiavi, figlia, figli, amico; (tuo): voce, sbagli, nonna, genitori; (suo): mano, cognata, esperienze, esercizi; (nostro): sorella, vacanze, popolo, piedi; (vostro): fratelli, camera, cognata; (loro): posto, giardini, madre.

*6. Confermate le frasi seguenti nel modo indicato.
   Esempi: *Le vacanze sono molto belle per Luigi.*
   → *Sì, sono molto belle per lui.*
   Questo vestito è troppo caro per me.
   → *Sì, è troppo caro per te.*

Questa camera è troppo piccola per me. – Parli poco con tua moglie. – Adesso siete d'accordo con noi. – Mangiamo con i nostri amici. – Mio fratello parla molto di Eugenio. – Questo ristorante è troppo caro per te. – Domani mangiamo da Giovanna. – Oggi mangiamo dai nonni.

B. 1. Leggete. – a) 7, 12, 88, 21, 35, 114, 246, 319, 716, 598, 3699, 961, 1248, 56350, 375028
b) 28 settembre 1967, 7 luglio 1937, 21 gennaio 1949, 5 maggio 1821, 18 aprile 1564, 6 novembre 1321, 15 maggio 1977
c) Che ora è? A che ora vai in città? A che ora arriviamo a Firenze? – 8.15, 4.30, 3.50, 12.30, 1.00, 4.25, 16.40, 6.30, 7.45.

*2. Rispondete con il numero successivo. Esempio: 8 → 9
2, 8, 25, 37, 16, 20, 88, 42, 99, 73, 65, 69, 22, 47.

*3. Correggete ed anticipate di un quarto d'ora, senza ripetere il soggetto.
Esempi: *Vai in città alle otto e un quarto?* → *No, vado in città alle otto.*
Il tuo treno arriva alle sette? → *No, arriva alle sette meno un quarto.*
Andate in città alle sette e mezzo? – La lezione comincia alle dieci? – E' mezzogiorno meno un quarto? – Mangiamo all' una? – E' mezzogiorno? – Il concerto comincia alle nove e un quarto? – Il treno arriva alle sei meno un quarto?

4. Traducete. – Wie alt ist dein Bruder? Mein Bruder ist 14 Jahre alt. Und dein Schwesterchen? Mein Schwesterchen ist noch sehr klein. Sie ist erst (soltanto – nur) 10 Monate alt. Sie ist geboren am 15. Dezember des vergangenen Jahres. – Warum kommen sie so spät? Das ist schon das zweite Mal. Die Stunde beginnt um 16.15 und jetzt ist es halb fünf Uhr. – Um wieviel Uhr beginnt die Deutschstunde? Sie beginnt heute um 10^h, aber am Donnerstag der nächsten Woche beginnen wir schon um ½10. – Was machst du diesen Sommer in den Ferien? In den ersten Wochen des Juli mache ich eine Reise nach Rom. Dann fahre ich ans Meer mit meinen Eltern. Im September bleiben wir zu Hause. – Heute um 3 Uhr mache ich mein Examen. Und wann macht ihr euer Examen?

LEZIONE 5

LA PARTENZA

I genitori del signor Agostini, impiegato in una banca romana, vivono a Frosinone, una piccola città di provincia a circa 80 km dalla capitale. Ogni tanto gli Agostini vanno a trovare i nonni; così anche questa domenica. Gli Agostini – padre, madre e il figlio Giuseppe di 9 anni – hanno preso l'autobus e sono arrivati alla stazione Termini. Adesso scendono e vanno verso il marciapiede 8, binario 15, dove parte il direttissimo delle 8.45 per Napoli. Il signor Agostini guarda l'orologio e vede che mancano ancora 10 minuti. Sua moglie domanda: "Non abbiamo dimenticato nulla? Ci sono tutti i bagagli? Dove hai messo i biglietti?" – "I biglietti? Accidenti! Ho dimenticato di fare i biglietti." – Il signor Agostini corre in fretta a uno degli sportelli, dove già aspetta una lunga coda di viaggiatori. – "Scusi, ho molta fretta; posso passare? Se no, perdo il treno." – C'è qualcuno che borbotta, ma nessuno protesta apertamente. – "Frosinone, andata e ritorno, due adulti e un bambino." – "27500 lire." – "Ecco 30000." – "Non ha spiccioli?" – "No, mi dispiace." – Finalmente il capofamiglia ha acquistato i biglietti. Per fortuna il treno non è ancora partito; ma appena gli Agostini sono saliti, sentono il fischio del capostazione e il treno si mette in moto.

(continua)

GRAMMATICA

Verbi in -ere, -ere[1]

vedere – sehen   **perdere** – verlieren

ved- o	ved- iamo	perd- o	perd- iamo
ved- i	ved- ete	perd- i	perd- ete
ved- e	ved- ono	perd- e	perd- ono

---

1 Die Verben auf -ere entstammen meist der lat. sog. 2. bzw. 3. Konjugation. Ein Unterschied zwischen den beiden Gruppen besteht nur in der Betonung des Infinitivs. – Man beachte, daß die Verteilung auf die beiden Gruppen zwar meist, aber nicht immer den lat. Verhältnissen entspricht: ridere – lachen, rispondere – antworten, cadere – fallen.

Verbi in -ire (primo gruppo)[1]

sentire – hören, fühlen

sent- **o**	*sent-* **iamo**
sent- **i**	*sent-* **ite**
sent- **e**	*sęnt-* **ono**

Diese Gruppe ist nicht sehr groß; zu den wichtigsten Verben gehören:

bollire	kochen (intr.)	*aprire*	öffnen
dormire	schlafen	*coprire*	bedecken
mentire	lügen	*scoprire*	entdecken
partire	abfahren	*offrire*	(an)bieten
sentire	hören, fühlen	*soffrire*	leiden
servire	dienen		
seguire	folgen		

Participio passato – Partizip Perfekt

trov- **are** → *trov-* **ato**	gefunden	Ebenso bei allen Verben auf *-are*
perd- **ere** → *perd-* **uto**	verloren	Ebenso bei den meisten Verben auf *-ere*[2]
sent- **ire** → *sent-* **ito**	gehört	Ebenso bei den meisten Verben auf *-ire*[2]

Abweichende Formen des Part. Perf. sind u. a.:

fatto	*(fare)*	*aperto*	*(aprire)*
chiuso	*(chiudere)*	*coperto*	*(coprire)*
preso	*(prendere)*	*scoperto*	*(scoprire)*
sceso	*(scendere)*	*offerto*	*(offrire)*
corso	*(correre)*	*sofferto*	*(soffrire)*
messo	*(mettere)*		
scritto	*(scrivere)*	*stato*	*(essere)*
diretto	*(dirigere)*		
visto (veduto)	*(vedere)*		
vissuto	*(vivere)*		

---

1 Bei dieser Gruppe von Verben handelt es sich um die Fortsetzung der lat. sog. 4. Konjugation.
2 Abweichende Partizipien werden in Zukunft beim Vokabular mit angegeben.

Passato prossimo – Zusammengesetztes Perfekt

Das Passato prossimo ist in der Umgangssprache das normale Erzähltempus der Vergangenheit. In der Schriftsprache wird hierdurch auch ein Bezug zur Gegenwart hergestellt. Damit entspricht dieses Tempus also ziemlich genau dem passé composé des Frz. Es wird gebildet mittels der Hilfsverben (verbi ausiliari) *essere* bzw. *avere* und des participio passato:

sono andato	ich bin gegangen
ho trovato	ich habe gefunden

Die Verwendung von *essere* und *avere* in den zusammengesetzten Zeiten entspricht meist der von "sein" und "haben" in den entsprechenden Zeiten des Deutschen: intransitive Verben haben meist *essere*, transitive meist *avere*. Merke jedoch u. a. im Gegensatz zum Deutschen:

ho *camminato*	–	ich bin gegangen
ho *corso*	–	ich bin gerannt, gelaufen
ho *nuotato*	–	ich bin geschwommen
è *piaciuto*	–	es hat gefallen
è (ha) *piovuto*	–	es hat geregnet
sono (ho) *vissuto*	–	ich habe gelebt
la lezione **è** *cominciata*	–	die Stunde hat begonnen
è *mancato*	–	es hat gefehlt

In Verbindung mit *essere* richtet sich die Endung des Partizips nach dem dazugehörigen Subjekt:

il *ragazzo è andat***o**
la *ragazza è andat***a**
(noi) *siamo andat***i**

In Verbindung mit *avere* ist das Part. Perf. meist unveränderlich:[1]

(noi) **abbiamo** *camminato*

La negazione (II) – Verneinung

Für das Schriftdeutsche gilt die Regel: doppelte Verneinung = Bejahung. Im Italienischen steht jedoch in vielen Fällen eine zweiteilige Negation:

---

1 Vgl. jedoch L 6.

non . . . un	kein
non . . . mai	nie(mals)
non . . . niente ⎫	
non . . . nulla ⎬	nichts
non . . . nessun(o), -a	kein einziger
non . . . né . . . né	weder . . . noch
non . . . neanche	auch nicht
non . . . nemmeno ⎫	
non . . . neppure ⎬	nicht einmal

Beispiele: *Non hai dimenticato nulla?* – Hast du nichts vergessen? *Non c'è nessuno.* – Niemand ist da. *Non ho visto né lei né suo marito.* – Ich habe weder sie noch ihren Mann gesehen. *Lui non ha mai fretta.* – Er hat es niemals eilig. *Io non dimentico mai nulla.* – Ich vergesse nie etwas.

Die obenstehenden Negationen (abgesehen von *non . . . un*) werden ohne *non* verwendet:

1. wenn die Negation außerhalb eines vollständigen Satzes steht:
   Chi ha fatto questo? Nessuno di noi.
   Che cosa hai fatto? Nulla.

2. wenn die Negation den Satz einleitet:
   Nessuno protesta apertamente.

ESERCIZI

1. Coniugate all'indicativo presente: mancare, partire per Francoforte, vedere da lontano, correre in fretta, non soffrire molto, scendere dal treno, impiegare molto tempo, vivere da sempre a Milano, dare un buon consiglio, offrire un po' di cioccolata, chiudere la porta, oggi non andare al cinema.

2. Coniugate al passato prossimo: domandare al padre, vedere la (mia) macchina, andare dal medico, dirigere un'orchestra, non essere malato, mettere il libro sul tavolo, fare un viaggio, vivere a Monaco di Baviera, camminare per tutta la città.

*3. Rispondete nel modo indicato.
   Esempi: *Perchè non mangiate?* → *Abbiamo già mangiato.*
   　　　　Perchè Paolo non va dal medico? → *E' già andato dal medico.*
   Perchè non dormi? – Perchè non pagate? – Perchè Giuseppe non scrive un telegramma? – Signor Luigi, perchè non va dal dentista? – Perchè non

chiamate un medico? – Perchè non passate dallo zio? – Perchè gli Agostini non telefonano? – Perchè non domandate al capostazione? – Perchè non andate allo sportello? – Perchè non prendi un caffè? – Perchè Giuseppe non fa il biglietto?

*4. Negate nel modo indicato.
Esempio: *Bruno perde.* → *No, Bruno non perde mai.*
Alessandra è stanca. – Giuseppe ha fretta. – Eugenio prende l'autobus. – Giuseppe è arrivato tardi. – Bruno è vissuto a Palermo. – Gli Agostini perdono il treno. – I bambini sono stati malati. – Gli adulti hanno sempre ragione. – In giugno è piovuto. – I nostri amici sono stati poveri.

5. Formate delle frasi del tipo: *Io non prendo né il vino né la birra.*
Io – aver dimenticato – chiavi, biglietti.
Quella donna – essere – sua sorella, sua cugina.
Purtroppo Michele – essere venuto – sabato, domenica.
Dalla nostra casa – (noi)vedere – mare, campagna.
Lui – essere ancora stato – a Torino, Milano.
Eugenio – mangiare – piselli, fagioli.

*6. Übung zu *né – né* (nur auf Kassette)

*7. Rispondete nel modo indicato.
Esempio: *Io parto per Venezia. E Giovanni?* → *Anche lui parte per Venezia.*
Gli Agostini scendono. E voi? – I bambini corrono in fretta. E il padre? – Eugenio fa un viaggio. E i suoi genitori? – Giovanni prende il rapido. E Lei, signore? – I Mueller vivono in Italia. E la sorella del signor Mueller? – Eugenio va ancora a scuola. Ed i suoi fratelli? – Eugenio fa molti sbagli. Ed io? – Noi prendiamo l'autobus. E i bambini?

8. Traducete. – Niemandem schmeckt dieses Huhn. – Du übertreibst. Mir schmeckt es sehr gut. Vielleicht hast du noch kein Huhn in Italien gegessen. – Du hast recht, wie immer, und ich habe Unrecht. – Wir haben bis um ½9 Uhr gewartet, aber wir haben niemanden gesehen. – Was hast du gestern abend gemacht? Nichts. Hast du nicht einmal einen Brief an deine Freundin geschrieben? Nein, ich habe den ganzen Abend geschlafen. – Herr Agostini (Il signor A.) lebt in einem sehr schönen Haus; vom Fenster des geräumigen Wohnzimmers sieht er den Garten mit vielen schönen Bäumen. Der Strand ist nicht fern. Ab und zu sind auch seine Freunde da; heute haben sie den Eilzug genommen; der Eilzug braucht dazu 50 Minuten. Herrn Agostini geht es heute sehr gut; aber er hat viel gelitten in den vergangenen Jahren.

LEZIONE 6

CARTA DEL LAZIO

UNA VISITA

Il treno attraversa dapprima le zone periferiche della città, quartieri modernissimi, costruiti in fretta e molto popolati. Poi passa per la Campagna Romana, un paesaggio affascinante con i suoi acquedotti di epoca romana, i greggi di pecore sparsi qua e là, e con molti paesi che portano nomi celebri nella storia: Tivoli, Frascati, Palestrina, Anagni. Ecco che appare da lontano la città di Frosinone; il treno diminuisce la velocità, entra nella piccola stazione e si ferma. "Ecco i nonni! Non li avete ancora visti?" grida Giuseppe. "Ti sei sbagliato. Questo è un vecchio amico del nonno; non lo conosci?" Finalmente trovano anche i nonni, che aspettano già da alcuni minuti. "Buon giorno, nonno, buon

giorno, nonna! Eccoci tutti! Siamo felici di vedervi in buona salute." – "E noi siamo contenti di rivedervi dopo tanto tempo. Com'è cresciuto Peppino! Avete fatto buon viaggio? Siete venuti tardi. Quanto tempo ci avete messo?" – Con queste chiacchiere arrivano alla casa dei nonni, situata nella strada principale, all'angolo della piazza centrale. –
"Avete sete? Che cosa posso offrirvi da bere? Prendete un vermut? O preferite un bicchiere di vino bianco? E tu, Peppino? Se mi ricordo bene, ti piace la spremuta di limone. Va bene con un po' di ghiaccio?" – "Sì, grazie nonna."

Il signor Agostini accompagna il nonno in un'altra camera e gli racconta le ultime novità di Roma, mentre sua moglie aiuta la nonna in cucina. Dopo uno splendido pranzo fanno una breve passeggiata fra le vigne dei dintorni, ma ben presto si stancano e riposano all'ombra di un platano gigantesco. Giuseppe tiene in mano un piccolo transistor per ascoltare le notizie sportive; s'interessa soprattutto di calcio. La Lazio ha vinto un'importante partita contro la Fiorentina, con grande gioia di tutta la famiglia. –

Ma finiscono anche le giornate più belle; anzi, quelle finiscono più presto. E così, eccoli riuniti di nuovo alla stazione." Grazie di tutto. È stato proprio una bella giornata. Tanti auguri e arrivederci presto." –

"Arrivederci e buon viaggio."

Domani ricomincia una lunga settimana di lavoro per la famiglia Agostini.

GRAMMATICA

La collocazione dell'aggettivo attributivo – Die Stellung des attributiven Adjektivs

1. Ein unterscheidendes Adjektiv, das dem Substantiv einen wesentlichen Informationsgehalt hinzufügt, steht n a c h diesem Substantiv: *la strada principale, le notizie sportive, le giornate belle.* Insbesondere stehen immer nach dem Substantiv.
    a) die Bezeichnungen für Nationalität und Farbe: *una macchina tedesca, il vino bianco;*
    b) mehrere zum selben Substantiv gehörige Adjektiva: *un ragazzo bravo ed intelligente;*
    c) ein durch Adverbien näher bestimmtes Adjektiv: *un ragazzo molto intelligente.*

2. Ein "schmückendes" rhetorisch-affektives Adjektiv, das nicht so sehr zur Charakterisierung der betreffenden Person oder Sache gegenüber anderen dient, steht v o r diesem Subst.: *un vecchio amico, un piccolo transistor, una bella giornata, la bianca neve, una lunga settimana di lavoro.*

Verbi in -ire (secondo gruppo)

Die meisten Verben auf -ire haben in zahlreichen Formen ein "Infix" -sc- (vgl. die sog. verba incohativa des Lat.).

finire

fin-isc- **o**	*fin-*	- **iamo**
fin-isc- **i**	*fin-*	- **ite**
fin-isc- **e**	*fin-isc-*	**ono**

Merke:

Im Gegensatz zu den Verben auf -are (vgl. L 2) verändern die Verben auf -ere, -ire, deren Stamm auf *g*, *c* endet, die Aussprache dieses Stammes je nach dem folgenden Vokal: *io vinco – lui vince; io preferisco – tu preferisci, io conosco – noi conosciamo.*

I verbi tenere, venire, salire

tenere

ten-g- **o**	*ten-*	**iamo**
tien- **i**	*ten-*	**ete**
tien- **e**	*tẹn-g-*	**ono**

venire

ven-g- **o**	*ven-*	**iamo**
vien- **i**	*ven-*	**ite**
vien- **e**	*vẹn-g-*	**ono**

salire

sal-g- **o**	*sal-*	**iamo**
sal- **i**	*sal-*	**ite**
sal- **e**	*sạl-g-*	**ono**

Il pronome personale ạtono – Unbetontes Personalpronomen

Wenn auf einem Personalpronomen kein besonderer Ton liegt (d. h. in allen nicht in L 3 aufgeführten Fällen), werden die folgenden Pronomina verwendet.

	Singular				Plural				
Subj.	*(io)*	*(tu)*	*(egli)*	*(lei)*	*(noi)*	*(voi)*	*(essi)*	*(esse)*	Reflexiv
indir. Obj.	*mi*	*ti*	*gli*	*le*	*ci*	*vi*	*loro*[1]	*loro*[1]	*si*
dir. Obj.	*mi*	*ti*	*lo*	*la*	*ci*	*vi*	*li*	*le*	*si*

---

1 Heute oft auch: *gli.*

Während die betonten Personalpronomina als Objekt nach dem Verb stehen (*Lo zio chiama me*), stehen die unbetonten Personalpronomina gewöhnlich vor dem flektierten Verb (*Lo zio mi chiama; lo zio mi ha chiamato*)[1], jedoch nach der Negation *non (Lo zio non mi chiama)*. Diese Formen folgen unmit telbar (unter Zusammenschreibung) auf Infinitiv[2], Imperativ (2. Sg., 1. und 2. Pl.) und Gerund der Verben, sowie auf *ecco: offrirvi, eccolo.*
Vor Vokal werden apostrophiert *lo, la*, manchmal auch *mi, ti, si.*
In den zusammengesetzten Zeiten ist Übereinstimmung des Part. Perf. mit vorausgehendem *lo, la, li, le* obligatorisch, mit den anderen Pronomina dieser Serie fakultativ: *non li ho visti – non vi ho visti (-o).*

Verbi riflessivi – Reflexive Verben

fermarsi

mi	*fermo*	**ci**	*fermiamo*
ti	*fermi*	**vi**	*fermate*
si	*ferma*	**si**	*fermano*

Das passato prossimo dieser Verben wird mit *essere* gebildet: *mi sono fermato (-a), ti sei fermato (-a) . . . ci siamo fermati (-e).*

ESERCIZI

1. a) Coniugate all'indicativo presente: dimenticare la notizia, andare in città, stare in piedi, spargere la notizia, tenere in mano, crescere, offrire qualcosa da mangiare, preferire il vino bianco, venire da lontano, costruirsi una casa, interessarsi di sport.
   b) Coniugate al passato prossimo: non fermarsi, stancarsi presto, riunirsi, non trovarsi a casa, non ricordarsi di niente.
*2. Date una risposta negativa.
   Esempi: *Parti per Roma?* → *No, non parto per Roma.*
            Ti sbagli spesso? → *No, non mi sbaglio spesso.*
   Vai in città? – Scendete a Firenze? – Conosci questa città? – Avete fatto il biglietto? – Fate un viaggio? – Vieni da lontano? – Finisci la lezione? – Senti

---

il fischio? – Offrite un caffè? – Vai alla spiaggia? – Ci metti molto tempo? – Prendi il 66? – Stai male? – Vi fermate qui? – Ti costruisci una casa? – Vi interessate di calcio? – Ti stanchi presto? – Vi vedete spesso?

3. Spiegate la differenza fra: un uomo povero – un povero uomo; un amico (molto) vecchio – un vecchio amico; questa è una domanda (Frage) semplice – questa è una semplice domanda; un buon uomo – un uomo buono; una giornata bella – una bella giornata.

*4. Rispondete alle domande dei genitori. Voi siete Peppino.
Esempio: *Vedi quella città?* → *L'ho già vista.*
Vedi il capostazione? – Vedi quella macchina rossa? – Vedi le pecore? – Vedi gli acquedotti romani? – Vedi quel lago? – Vedi la stazione? – Vedi i nonni? – Vedi quelle ragazze?

*5. Rispondete in modo negativo.
Esempi: *Chi mangia le patate?* → *Non le mangia nessuno.*
      Chi scrive ad Eugenio? → *Non gli scrive nessuno.*
Chi mangia la pasta asciutta? – Chi mangia i pomodori? – Chi mangia il pesce? – Chi mangia le patate? – Chi mangia gli spaghetti? – Chi mangia l'insalata? – Chi beve la birra? – Chi paga il conto? – Chi accompagna Maria? – Chi ti accompagna? – Chi vi accompagna? – Chi telefona ad Eugenio? – Chi telefona a Maria? – Chi mi scrive? – Chi scrive a Michele? – Chi scrive a mia sorella?

6. Sostituite con un pronome le parole sottolineate. – Ersetzen Sie die unterstrichenen Wörter durch ein Pronomen.
a) Esempio: *Perchè non prendi la macchina?* → *Perchè non la prendi?*
Perchè non prendi l'autobus? Lo studente dimentica subito le parole. Non conosciamo ancora questa città. Non vedo più i nonni. Perchè non accompagnate vostra sorella? Alessandro preferisce il vino alla birra.
b) Esempio: *Perchè non dai la macchina a Pietro?* → *Perchè non gli dai la macchina?*
Avete raccontato tutto a vostro nonno? La mamma dà al bambino (a Maria, a voi) qualcosa da bere. Non racconto questa novità alle mie cognate.
c) Esempio: *Non posso aiutare Maria* → *Non posso aiutarla*
Ho dimenticato di acquistare i biglietti. Sono molto contento di vedere la tua amica. Mi piace ascoltare le notizie sportive. Non posso più aiutare il nonno (la nonna). Non posso dare un consiglio allo studente (a te, a voi).

d) Esempio: *Non ho visto Maria* → *Non l'ho vista*
Abbiamo accompagnato tuo fratello fino a casa sua. Perchè non hai acquistato quella macchina? Abbiamo preferito gli spaghetti alle patate. Non ho più visto le mie sorelle da sei mesi. Hai guardato bene la lista? Abbiamo dato quella roba a povera gente. Non hai ancora sentito queste notizie? Ho già messo il ghiaccio.

e) Esempio: *Ho fatto molto per Maria* → *Ho fatto molto per lei*
Non mi piace andare dal dentista. A nessuno piace vedere il dentista. Abbiamo ordinato uno splendido pranzo per i nostri amici. Non abbiamo più visto i Mueller da molto tempo. Il professore non è contento di questa studentessa. Il professore parla con la studentessa e dà un consiglio alla studentessa.

*7. Übung zum Objektspronomen nach Infinitiv (nur auf Kassette).

8. Traducete. – Warum hast du mir noch nicht geschrieben? Ich habe dir letzte (= vergangene) Woche einen langen Brief geschrieben. Hast du mich vergessen? Denkst du nicht mehr an mich? Ich erinnere mich immer an dich. Seit wie langer (= wieviel) Zeit haben wir uns nicht mehr gesehen! Es scheint mir ein Jahr mit all seinen 365 Tagen; dabei (jedoch) ist es nicht einmal ein Monat gewesen. – Frau Agostini (La signora A.) (Herrn A.) geht es sehr schlecht; ab und zu bereite ich ihr (ihm) die Mahlzeiten, denn es ist niemand anderer da, der ihr (ihm) hilft. – Die Kinder sind sehr brav (= gut); gestern habe ich ihnen ein bißchen (un po' di) Schokolade (mit)gebracht; ich kann sie nicht traurig sehen. – Wie fühlst du dich jetzt, da (che) du alle wichtigen Prüfungen beendet hast? Die Prüfungen? Ich habe sie nicht schwer gefunden. Ich habe mich nur 2 Wochen vorbereitet und alles ist gut gegangen.

9. Come ha passato Lei la domenica scorsa? (Dov'è stato? Ci è andato in macchina? Con chi? Che cosa ha fatto? Ha mangiato bene? Com'è stato il tempo? A che ora è tornato a casa? E la sera? Ha guardato la televisione? ecc.)

LEZIONE 7

A TEATRO

Il signor Agostini ha voluto fare una piacęvole sorpresa a sua moglie: ha comprato due biglietti per una rappresentazione della "Bottega del Caffè", celebre commędia di Carlo Goldoni. C'è una compagnįa milanese che ha avuto ǫttime crįtiche sui giornali.

Il marito ha già messo la camicia bianca, una cravatta elegante e l'ąbito scuro. Sua moglie domanda: "Che cosa mi metto, caro? Il vestito marrone con la pellįccia?" – "Ma questo l'hai già messo l'ultima volta. Mettiti il vestito scollato di seta blu con le mąniche lunghe. Ma sbrigati!" – "Abbi pazienza. Ho quasi finito." Quando la moglie è pronta, il marito chiama un tassì, che li porta in pochi minuti davanti all'ingresso del teatro.

"Aspetta, cara; vado a comprare un programma. Mi non muoverti di qui; ho paura di perderti nella folla." – "Ma dia un programma, per favore." – "Eccole il programma; prenda anche un binǫcolo; i posti di seconda gallerįa sono distanti dal palcoscęnico." –

I due prendono posto all'ultimo momento. La signora Agostini bisbiglia: "Dove hai il programma? Dammelo! Non ho ancora visto i nomi degli attori e del regista." Suo marito glielo passa in silenzio, mentre si spengono le luci e si alza il sipario. Ha inįzio uno dei capolavori del[1] Goldoni, interpretato da attori eccellenti. Gli Agostini si divertono un mondo. Dopo il teatro finiscono la serata in un ristorante vicino, dove discutono con degli amici sulla messa in scena e sui vestiti del pubblico di questa sera.

La Bottega del Caffè, Atto primo, scena terza (leggermente modificata)

Ridolfo (da sé): Ecco quel che non tace mai, e che sempre vuole aver ragione.
Don Marzio: Caffè.
R. Subito.
Don M. Che c'è di nuovo, Ridolfo?
R. Non lo so, signore.
Don M. Non c'è stato ancora nessuno a questa vostra bottega?
R. E' ancora di buon'ora.
Don M. Di buon'ora? Sono dieci ore sonate.

---

1   Namen berühmter Persönlichkeiten stehen oft mit Artikel.

R.	Oh illustrissimo no, non sono ancora le otto.
Don M.	Eh via, buffone.
R.	Le assicuro io che le otto non son[1] sonate.
Don M.	Eh via, asino.
R.	Ella[2] mi strapazza senza ragione.
Don M.	Ho contato in questo punto le ore, e vi dico che sono dieci; e poi guardate il mio orologio (gli mostra l'orologio), questo non fallisce mai.
R.	Bene: se il Suo orologio non fallisce, osservi: il Suo orologio medesimo mostra sette ore e tre quarti.
Don M.	Eh, non può essere (cava l'occhialetto e guarda).
R.	Che dice?
Don M.	Il mio orologio va male. Sono dieci ore. Le ho sentite io.
R.	Dove l'ha comprato quell'orologio?[3]
Don M.	L'ho fatto venir[1] da Londra.
R.	L'hanno ingannata[4].
Don M.	Mi hanno ingannato? Perchè?
R.	(ironicamente) Le hanno mandato un orologio cattivo.
Don M.	Come cattivo? E' un orologio perfetto.
R.	Un orologio perfetto non fallisce di due ore.
Don M.	Questo va sempre bene, non fallisce mai.
R.	Ma se fa otto ore meno un quarto, e dice che sono dieci.
Don M.	Il mio orologio va bene.
R.	Dunque sono or ora le otto, come dico io.
Don M.	Sei un temerario. Il mio orologio va bene, tu dici male; e guarda chi'io non ti dia qualche cosa nel capo.

---

1 In der literarischen Sprache findet sich das "troncamento" von -e und -o häufiger als in der Umgangssprache.
2 Veraltet für *Lei.*
3 Vorwegnahme des Objekts durch ein Pronomen, umgangssprachlich.
4 Heute eher: L'hanno ingannato.

GRAMMATICA

L'imperativo – Imperativ

Verbi in -are, -ere, -ire

trov	**-a**	finde!
trov	**-i**	er soll finden! finden Sie!
trov	**-iamo**	laßt uns finden!
trov	**-ate**	findet!
tro̩v	**-ino**	sie sollen finden! finden Sie!

Entsprechend:

ved	**-i**		*sent*	**-i**		*fin -isc*	**-i**
ved	**-a**		*sent*	**-a**		*fin -isc*	**-a**
ved	**-iamo**		*sent*	**-iamo**		*fin*	**-iamo**
ved	**-ete**		*sent*	**-ite**		*fin*	**-ite**
ve̩d	**-ano**		*se̩nt*	**-ano**		*fin -i̩sc*	**-ano**

2. Pers. Sg. und Pl. des Imperativs dieser Verba sind – mit Ausnahme von *trov* **-a** – formgleich mit der jeweiligen Form des Indikativs. In den übrigen Personen handelt es sich eigentlich um Konjunktivformen (in der 1. Pers. Pl. identisch mit Indikativ).

Beachte: Beim Imperativ der 3. Pers. (Sing. und Pl.) steht ein eventuelles Objektpronomen v o r dem Verbum, bei den übrigen Formen des Imperativs d a n a c h (mit Zusammenschreibung): *lo senta, lo sentano;* aber: *sentilo, sentiamolo, sentitelo.*

Der Anlautkonsonant eines Pronomens, das umittelbar nach einem einsilbigen Imperativ zu stehen kommt, wird gedehnt: *dammi!*[1] – gib mir! *fallo!*[1] – tu es!

L'imperativo dei verbi avere ed essere – Imperativ von *avere* und *essere*

abbi und *sii* sind eigene Imperativformen; die übrigen Formen sind dem Konjunktiv entnommen.

---

1   Imperativ, 2. Pers. Sg. zu *dare, stare, fare, andare: da' (dai), sta' (stai), fa', va' (vai).*

abbi	sii
abbia	sia
abbiamo	siamo
abbiate	siate
abbiano	siano

L'imperativo negativo – Der verneinte Imperativ

Der verneinte Imperativ der 2. Pers. Sg. wird mit dem Infinitiv gebildet:

non farlo!	tu es nicht!
non finire!	höre nicht auf!

Jedoch:

non finite!	hört nicht auf!
non finisca!	hören Sie nicht auf!

dire (detto) – sagen

dico	diciamo	Imperativ:	---	diciamo
dici	dite		di'	dite
dice	dicono		dica	dicano

Coppie di pronomi atoni – Verbindungen von unbetonten Pronomina

Treffen zwei unbetonte Pronomina zusammen, so sind folgende Verbindungen möglich (dabei steht jeweils das indirekte Objektspronomen vor dem direkten):

me lo	me la	me li	me le
te lo	te la	te li	te le
glielo	gliela	glieli	gliele[1]
ce lo	ce la	ce li	ce le
ve lo	ve la	ve li	ve le
se lo	se la	se li	se le[2]

---

1 *glie-* gilt hier für Mask. und Fem. (= Höflichkeitsform).
2 Mit *loro* gibt es keine derartigen Verbindungen: *lo dico loro* – ich sage es ihnen. Dafür jedoch häufig: *glielo dico*.

Beispiele: *me l'ha raccontato, te li ho portati, non glielo dice.*

Tritt ein solches Paar von Pronomina an einen Infinitiv, Imperativ oder an ein Gerund, so wird es damit in einem Wort zusammengeschrieben; die Betonung bleibt auf dem Verbum: *dammelo!* – gib es mir! *non dirglielo!* – sag es ihm nicht!

L'articolo partitivo – Der Teilungsartikel

Der Teilungsartikel (*del, dello, della, dell'; dei, degli, delle*) steht zur Bezeichnung einer unbestimmten Anzahl bzw. eines unbestimmten Teils aus einer größeren Menge: *Dammi dell'acqua* – gib mir Wasser. Der Plural läßt sich als eine Pluralform des unbestimmten Artikels verstehen: *C'è un amico* – *Ci sono degli amici.*

Der articolo partitivo ist im Ital. (im Gegensatz zum Frz.) nicht über die oben angegebene Funktion hinaus verallgemeinert worden. Er steht deshalb insbesondere nicht:

1. bei Abstrakta: *Antonio ha avuto pazienza.*
2. bei Bezeichnung des Stoffes, der Materie: *Mi sono lavato le mani con acqua calda. La domenica mangiamo sempre carne.*
3. in verneinten Sätzen: *Non ci sono novità.*
4. bei Aufzählungen: *Ho comprato vino, caffè, patate e carne.*

Ein Satz kann verschiedene Bedeutungsnuancen annehmen, je nachdem, ob der Teilungsartikel gesetzt wird oder nicht: *Ho comprato carne* – ich habe Fleisch gekauft (nicht Fisch; oder: es hat schon lange kein Fleisch mehr gegeben). *Ho comprato della carne* – ich habe (ein bißchen) Fleisch gekauft.

Nach substantivischen Mengenangaben steht *di* ohne Artikel: *un chilo di pomodori, un etto di burro, un litro di vino, un po' d'acqua.* Jedoch: *poca acqua, molta acqua.*

ESERCIZI

1. Traducete. – Beginne! Komm! Nehmen wir einen Kaffee! Laufe nicht so! Hören Sie mal (*un po'*)! Hört zu! Übertreiben Sie nicht! Fahre nicht weg, bleibe noch ein wenig! Ruhe dich aus! Gehen wir! Bleib stehen! Schreie nicht so! Schreiben Sie! Begleitet mich! Hilf ihm nicht! Erklären Sie mir bitte dieses Wort! Sagen Sie mir Ihren Namen!

*2. Aggiungete alle domande seguenti l'imperativo negativo.
Esempi: *Perchè compri questa roba?* → *Non comprare questa roba.*
Dottore, perchè compra questa roba? → *Dottore, non compri questa roba.*

Perchè metti questo vestito? – Perchè ingannate questa povera gente? – Perchè arrivi così tardi? – Signora, perchè ha paura? – Perchè hai paura? – Signor Agostini, perchè dimentica l'ora della partenza?

*3. Aggiungete alle domande seguenti l'imperativo.
Esempio: *Perchè non metti questo vestito?* → *Metti questo vestito.*

Perchè non prendi un po' di vino? – Dottore, perchè non prende un po' di vino? – Signor Rossi, perchè non mangia le patate? – Perchè non accompagnate i vostri genitori? – Perchè non finisci questo lavoro? – Signora, perchè non mette questo vestito? – Bambini, perchè non vi alzate? – Signora, perchè non chiama il medico?

4. a) Formate delle frasi:
Esempi: *Ci compriamo la cravatta rossa.*
Gli ha scritto una lunga lettera.

Mi	metto	l'abito blu
ti	compro	la cravatta rossa
si		il vestito giallo
ci		una camicia bianca
vi		le scarpe nere

mi	ha detto		queste notizie
ti	ha raccontato		quei fatti
gli, le	ha scritto		le (tue) parole
ci			una lunga lettera
vi		loro	

b) Sostituite i sostantivi con i pronomi corrispondenti!
Esempi: *Ce la compriamo.*
Gliel'ha scritta.

*5. Sostituite gli elementi sottolineati con il pronome personale atono.
Esempi: *Racconto la notizia a Paolo.* → *Gli racconto la notizia.*
Giovanni presenta Maria a sua moglie. → *Giovanni le presenta Maria.*

Paolo dà il programma *a te*. – Eugenio manda il telegramma *a Giovanna*. – Non diciamo la notizia *a voi*. – Il professore spiega la parola *a noi*. – I nonni dànno la cioccolata *ai nipoti*. – Perchè non raccontate questa storia *a me?* – Perchè non avete raccontato questa storia *a me?* – Eugenio presenta la sua amica *a Michele*.

*6. Sostituite anche l'altro elemento con il pronome personale atono. Esempi: *Gli racconto la notizia*. → *Gliela racconto*.
   Giovanni le presenta Maria. → *Giovanni gliela presenta*.
   Paolo ti dà *il programma*. – Eugenio le manda *il telegramma*. – Non vi diciamo *la notizia*. – Il professore ci spiega *la parola*. – I nonni dànno loro *la cioccolata*. – Perchè non mi raccontate *questa storia?* – Perchè non mi avete raccontato *questa storia?* – Eugenio gli presenta *la sua amica*.

7. Traducete. –
   a) Wer ist dieser Herr? Kennst du ihn nicht mehr? Ich habe ihn dir letzte Woche vorgestellt. – Erzählt uns die letzten Neuigkeiten! Warum erzählt ihr sie uns nicht? – Vielleicht hat Papa die Fahrkarten vergessen. Frage ihn danach (= es)! – Wo hast du dein Buch? Bring es mir! Ich will es Ihnen lieber gleich sagen: ich habe es vergessen. – Die Tür ist geschlossen und ich habe die Hände nicht frei; öffne sie mir, bitte! – Dieser Wein schmeckt meinem Vater (meinen Eltern) nicht; biete ihn ihm (ihnen) nicht an! – Ich habe es ihnen tausendmal gesagt, aber sie haben mir nicht zugehört. – Die Inszenierung hat mir nicht gefallen. Was hat dir nicht gefallen? Ich erkläre es euch gleich. Ich sage euch gleich den Grund.

   b) Gib ihm ein Glas Rotwein. Ein bißchen Wein schadet nicht. Das scheint Wasser (zu sein), nicht Wein. – Du hast großes (viel) Glück gehabt. – Wir essen immer im Restaurant an der Ecke von Piazza Garibaldi; dort gibt es hervorragende Schnitzel. – Ich nehme weder Erbsen noch Bohnen; ich habe lieber den grünen Salat. Was gibt es auf der Speisekarte? Tomaten, Erbsen, Bohnen, Kartoffeln . . . – Wir haben italienische Bücher gekauft. – Ich habe viele Zeitungen gelesen: diese Aufführung hat keine guten Kritiken gehabt. – In diesem Hörsaal sind Studenten und Studentinnen. – Es gibt auch Studenten, die kein eigenes Auto haben. – Ich kenne Schauspieler, welche die Komödien Goldonis nicht mögen; sie mögen lieber moderne Komödien.

*8. Date una risposta negativa alle domande seguenti. – Geben Sie auf die folgenden Fragen jeweils eine verneinende Antwort.
   Esempio: *Vai sempre a teatro?* → *No, non vado mai a teatro*.

Hai già visto il nostro giardino? Sei ancora stanco? Avete capito qualcosa?
Ti ha accompagnato qualcuno? La tua camera si trova al primo o al secondo
piano? Wie lauten demnach die negativen Entsprechungen zu: *già, ancora,
qualcosa, qualcuno, o?*

LEZIONE 8

INCONTRO IN CITTÀ

Alessandro: Ciao, Bruno! Che piacere vederti qui! Da quanto tempo non ci
vediamo. Perchè non sei venuto ieri sera alla conferenza del professor G. su
Ungaretti?

Bruno: Mi dispiace proprio di non essere potuto venire; sono dovuto restare a
casa per dei lavori urgenti. La conferenza è stata interessante?

A. E come, anche se non sono sempre stato d'accordo. Il G. si serve di una
terminologia tutta sua. Bisogna prima di tutto abituarvisi. Questo è un
rimprovero che devo fare al G. All'inizio è stato quasi impossibile seguirlo.
Un paio di studenti si sono arrabbiati e se ne sono andati per questa ragione
dopo un quarto d'ora. Io invece sono rimasto fino alla fine e non me ne sono
pentito. Devo dire che ieri sera ho cominciato a capire la poesia di Ungaretti.

B. Me lo posso immaginare; l'altro giorno ho sentito alla radio una sua conferenza sulla poesia italiana del primo Novecento e sui rapporti di questa
poesia con la letteratura francese. E' davvero un uomo straordinario. – E
che cosa hai fatto dopo la conferenza?

A. Ho fatto una passeggiata con Maria, ma poi, ad un tratto, è cominciato a
piovere. Così ci siamo rifugiati in un cinema a vedere l'ultimo film di M. A.

B. A proposito, posso chiederti un favore? Mi puoi presentare un giorno a
Maria? Me ne hai parlato tanto.

A. Come no, molto volentieri. Anzi, ci ho già pensato, perchè anche Maria
vuole conoscerti. Puoi venire da me stasera dopo cena, verso le nove?
Possiamo passare la sera insieme.

B. Per me va bene. Grazie dell'invito e arrivederci a stasera.

Tre poesie di Giuseppe Ungaretti (*1888 Alessandria d'Egitto, † 1970)

ETERNO

Tra un fiore colto e l'altro donato
l'inesprimibile nulla

MATTINA

M'illumino
d'immenso

QUIETE

L'uva è matura, il campo arato,
Si stacca il monte dalle nuvole.
Sui polverosi specchi dell'estate
caduta è l'ombra,
Tra le dita incerte
Il loro lume è chiaro,
E lontano.
Colle rondini fugge
l'ultimo strazio.

GRAMMATICA

Proposizioni interrogative – Fragesätze

1. Wortfragen werden durch ein Fragewort eingeleitet. Dabei tritt das Subjekt hinter das Prädikat:

La conferenza è stata buona.

Com'è stata la conferenza?

Fragewörter:	*chi?*	wer? wen?	*dove?*	wo? wohin?
	che cosa?		*da dove?*	woher?
	che?	was?	*quando?*	wann?
	cosa?		*quanto?*	wieviel?
	come?	wie?	*quanto tempo*	wie lange?
			perché?	warum?

2. Satzfragen: Hier wird der Inhalt eines Satzes in Frage gestellt; sie können mit "ja" oder "nein" beantwortet werden.

a) Ist das Subjekt im Dt. ein Personalpronomen (das im Ital. gewöhnlich entfällt), so wird immer die Wortstellung des Aussagesatzes beibehalten; der Satz ist nur durch die Intonation[1] als Frage kenntlich:

— — — — ̄— —

sei stato al cinema. (Aussage)

— — — — _ _ ̄—

sei stato al cinema? (Frage)

b) Ist das Subjekt ein Substantiv (auch Namen), so wird ebenfalls meistens die Wortstellung des Aussagesatzes beibehalten:

La conferenza è stata interessante (?)
Maria è stata al cinema (?)

Jedoch kann hier auch das Prädikat vor das Subjekt treten:

È stata interessante la conferenza?

dovere – sollen, müssen   **potere** – können   **volere** – wollen

devo	dobbiamo		pǫsso	possiamo		vǫglio	vogliamo
devi	dovete		puǫi	potete		vuǫi	volete
deve	dęvono		pùǫ	pǫssono		vuǫle	vǫgliono

Passato prossimo II (vgl. L 5, L 6)

1. Mit *essere* bilden das passato prossimo und alle zusammengesetzten Zeiten:
   a) die meisten intransitiven Verben (Ausnahmen s. Ziff. 2)
   b) die reflexiven Verben: *mi sono sbagliato, ti sei comprato un libro*
   c) die unpersönlichen Verben: *è piovuto, nevicato*[2] (geschneit), *bastato*
   d) die Verben *dovere, potere, volere,* wenn sie in der Funktion als Hilfsverb mit einem Verb verbunden sind, das seine zusammengesetzten Zeiten mit *essere* bildet:

---

1 Ansteigen des Tons nach der letzten betonten Silbe.
2 Daneben auch *avere* bei Bezeichnungen von Wetterphänomenen: *ha piovuto, ha nevicato.*

sono *venuto* → **sono** *dovuto (potuto, voluto) venire*[1]
ho *pagato* → **ho** *dovuto (potuto, voluto) pagare*

2. Abweichend vom Dt. bilden einige Verba der Fortbewegung die zusammengesetzten Zeiten mit *avere*:
   ho camminato, corso[2]*, marciato, nuotato, passeggiato, viaggiato*

3. Einige Verba haben *essere* oder *avere* – je nachdem sie als Transitiva oder als Intransitiva verwendet werden; dazu gehören z. B.:

cominciare:	*La conferenza* **è** *cominciata alle 9.*
	Ho *cominciato una lettera.*
aumentare:	*I prezzi* **sono** *aumentati.*
	Il cinema Astoria **ha** *aumentato i prezzi.*
passare:	*Quei tempi* **sono** *passati.*
	Siamo *passati per Mọnaco.*
	Ho *passato le vacanze alla Riviera dei Fiori.*

"Declinazione" del sostantivo – "Deklination" des Substantivs

Das Ital. kennt (im Gegensatz zum Dt. und Lat., aber wie z. B. das Engl. oder Frz.) keine Deklinationsendungen der Substantive zum Ausdruck syntaktischer Funktionen. Die im Dt. und Lat. durch Kasusendungen zum Ausdruck gebrachten Beziehungen sind im Ital. kenntlich:

a) durch die Wortstellung: *Un professore mi presenta uno studente.*
b) durch Präpositionen. Dabei dient gewöhnlich *di* zur Bezeichnung derjenigen Funktionen, die im Dt. durch den Genitiv bezeichnet werden: *Questa è la macchina di Mario, del professore, della studentessa, degli Agostini. – Mi ricordo di Maria.*
Die Präposition *a* dient gewöhnlich zur Bezeichnung des indirekten Objekts (in Entsprechung zum dt. Dativ): *Ti presento a Mario, al professore, alla studentessa, agli Agostini. – Gli faccio un rimprovero* ⮂ *Faccio un rimprovero a mio fratello.*

ci, ne

ci	dort, dorthin
ne	von dort(her), davon[3]

---

1 Daneben auch: *ho dovuto (potuto, voluto) venire,* wenn die Vorstellung des Müssens (Könnens, Wollens) stärker betont werden soll. Diese Bildung mit *avere* wird häufig verallgemeinert.
2 Bei Angabe des Zieles auch *essere: Sono corso dal medico.*
3. Vgl. frz. y, en.

Diese beiden Adverbien können auch pronominale Funktion erfüllen: ci[1] kann stehen für a + Subst.[2], *a questo, a ciò:*

Sei stato al cinema? No, non ci sono stato.
Pensi ancora al nostro viaggio? Sì, ci penso ancora (daran).

ne kann stehen für di + Substantiv[3], *di questo, di ciò:*

Sei stato alla conferenza? Sì, ma me ne sono andato presto.
Mi servo di questa parola → me ne servo.

ci und ne stehen im Satz an derselben Stelle wie die unbetonten Personalpronomina: vor dem flektierten Verb, jedoch nach der Negation, sowie – unter Zusammenschreibung – nach Infinitiv, Imperativ und Gerund (vgl. L 6).

Treffen ci und ne aufeinander oder auf unbetonte Personalpronomina, so ergeben sich folgende Kombinationen[4]:

mi ci trovo	*ce lo metto*	*me ne prendo*
ti ci trovi	*ce la metto*	*te ne prendi*
	ce li metto	*gliene do*
	ce le metto	*se ne prende*
		ce ne prendiamo
vi ci trovate	*ce ne sono*	*ve ne prendete*
ci si trovano		*ne do loro*[5]
		se ne prendono

ESERCIZI

1. Coniugate all'indicativo presente: non posso venire, non voglio restare a casa, devo pensarci, sto molto bene, lo tengo in mano, non gli faccio un rimprovero, me ne ricordo, mi ci guardo (nello specchio), me lo chiedo, me ne vado.

---

1 Aus euphonischen Gründen auch öfters *vi.*
2 Gewöhnlich keine Person.
3 Manchmal auch Personen: *Che cosa pensi di mio fratello? → Che (cosa) ne pensi?*
4 Die Kombinationen *ci si (trova)* und *vi ci (troviamo)* "er befindet sich dort " bzw. "wir befinden uns dort" sind zwar theoretisch möglich, aber kaum gebräuchlich; stattdessen andere Ausdrucksweisen wie z. B. *si trova qua/là* bzw. *ci troviamo qua/là.*
5 Häufig auch: *gliene.*

*2. Rispondete nel modo indicato.
Esempio: *Vai già a letto?* → *No, non vado ancora a letto.*
Vuoi già mangiare? – Stai già bene? – Vai già in vacanza? – Devi già andare a scuola? – Spegni già la luce? – Fai già quell'esercizio? – Conosci già quella città? – Puoi già dimenticare quell'uomo? – Dici già addío allo sport? – Te ne vai già adesso?

3. Fate delle domande.
Esempio: *Il professore scrive le parole sulla lavagna* → *Chi scrive le parole sulla lavagna? Che cosa scrive il professore sulla lavagna? Dove scrive il professore le parole?*
I Colombo vivono da sei anni a Roma. La conferenza del professor Bianchi cominicia alle 9.15 nell'Aula Magna. Cominciamo subito con l'esercizio di pronuncia. Sono venuto a piedi, perchè ho perduto l'autobus. Il mio fratellino ha imparato a camminare due mesi fa. Alessandro ha trovato il vino un po' troppo dolce. Antonio è venuto da Milano con il treno di notte. La chiesa si trova all'angolo della piazza. L'altro giorno Maria ha dimenticato i bagagli alla stazione.

4. Trasformate in proposizioni interrogative – Verwandeln Sie in Fragesätze:
La signora Bianchi non guarda mai il giornale. Il marito ha chiamato il medico. I rapporti con i tuoi genitori sono buoni. Anche tua moglie è di qui. Il tuo nuovo vestito è di seta. Il cielo è sempre cosí coperto.

5. Mettete al passato prossimo.
Esempio: *Voglio entrare* → *Sono voluto entrare.*
Dovete acquistare i biglietti. Purtroppo non posso restare con voi. Chi vuole entrare? Lui corre i 100 metri in 11 secondi. Perchè non passate da noi? Con chi passi la domenica? Quando comincia il film? Quando cominci questo lavoro? Loro devono andarsene. Camminiamo per tutta la città, ma non troviamo la stazione. Uno studente mi si presenta. Perchè ve ne andate cosí presto? Voglio lavarmi le mani, ma non posso.

*6a. Rispondete nel modo indicato. Usate la particella *ne*; non ripetete il soggetto.
Esempio: *Bruno è contento del suo viaggio?* → *Sí, ne è contento.*
Avete ancora di questo vino? – Prendi due etti di burro? – Signora, prende ancora un po' di caffè? – C'è ancora della neve? – Giovanna è stata contenta della conferenza? – Avete parlato di questo problema? – Tua sorella si è pentita di quel che ha fatto?

*6b. Date una risposta negativa.

Esempio: *Bruno è contento del suo viaggio?* → *No, non ne è contento.*

Avete sentito parlare di quella storia? – Hai visto molto della città? – C'è del vino? – Ti servi degli occhiali? – Ti sei pentita di essere andata alla conferenza? – Vi siete pentiti di quel che avete fatto? – I vostri genitori si sono pentiti del loro viaggio?

*7a. Rispondete nel modo indicato. Usate la particella *ci*; non ripetete il soggetto.

Esempio: *Maria pensa ancora al nostro viaggio?* → *Sì, ci pensa ancora.*

Andate a Milano? – Sei andata da quella gente? – Bruno pensa molto ai soldi? – Vuoi partecipare al corso d'italiano? – Ti sei preparata bene all'esame? – I tuoi amici si sono abituati al caldo?

*7b. Date una risposta negativa.

Esempio: *Papà ha pensato ai biglietti?* → *No, non ci ha pensato.*

Vai alla festa? – Giovanni è andato dal medico? – Ti sei abituata al caldo? – Ti sei fermato a Roma? – Siete vissuti a Milano?

8. Mettete *ci, ne* oppure un pronome personale al posto delle parole sottolineate.

Esempio: *Perchè non vai alla partita?* → *Perchè non ci vai?*

Tutto è andato bene; sono contento di ciò. Non penso più a quell'incontro. Abbiamo parlato molto di Giovanni (di Giovanna, del tuo lavoro). Tutto il giorno abbiamo pensato a tuo fratello (a tua sorella, all'esame). Conosco soltanto una parte della tua storia. Ho portato ai miei amici due chili d'uva. Perchè non mi hai raccontato questa storia? Ho voluto parlarti di questa storia. Dammi un po' di questo formaggio. Perchè non le dai di questo dolce? Non sono andato alla partita di calcio. Questo ristorante mi piace molto; sono andato spesso in questo ristorante. Ho parlato male di mio marito; mi pento di ciò. I farmacisti si sono riuniti in quella sala. Ho voluto dare a mia suocera di questo vino. C'è ancora della neve?

9. Traducete. – Warum habt ihr es mir noch nicht gesagt? – Er hat es mir sofort erzählen müssen. – Wie hat dir jene Stadt gefallen? Wie hast du dich dort gefühlt? – Ich habe dort ein sehr schönes Jahr verbracht (verlebt). – Habt ihr noch nicht jenen Baum gesehen? Warum ruhen wir uns nicht dort aus? – Der Preis dieser Tomaten scheint mir übertrieben; ich nehme keine (davon). – Geh noch nicht fort, das Fest hat noch kaum begonnen. – Du mußt mich verstehen: Das Fest hat mir sehr gefallen, aber meine Eltern erwarten mich zuhause. Sie haben mich darum gebeten. – Leider habe ich nicht viel davon verstanden.

10. a) Trovate delle risposte alle domande seguenti. – Beantworten Sie die folgenden Fragen: Che tempo fa oggi? Che tempo ha fatto ieri? Che facciamo stasera? Con chi andiamo al cinema? A che ora comincia il teatro? Che ora è? Quanti anni ha tuo fratello? E la tua sorellina? Quando è nata? Quanti ne abbiamo? Che giorno è oggi? Da quanto tempo vive Lei in questa città? Come trova questa città? Quanto tempo vuole rimanere qui? Quante volte è già stato in Italia?

b) Qual è il contrario di: primo, bello, bianco, piccolo, arrivare, vecchio, lontano, il giorno, male, sempre, nulla, finire, aperto, partenza, aumentare, buono, periferico, con, prima, facile, domani, l'estate, certo, stupido, prendere, di buon'ora, più, aver ragione, no, salire, molto, secco (asciutto), qui, la sera, trovare, molto, breve?

c) Formate delle frasi con queste parole.

LEZIONE 9

IN AUTOBUS

"Mi scusi, che mezzo devo prendere per andare all'università? – "Prenda il 66, che passa dalla stazione e La porta lì vicino. Ce n'è uno ogni 7 minuti." – "E dov'è la fermata? – "Dall'altra parte della piazza, di fronte al Palazzo di Giustizia." – L'autobus che arriva è vuoto, perchè la fermata è capolinea. Eugenio vuole salire dalla porta anteriore, ma l'autista grida: "Questa è l'uscita; si sale dalla porta di dietro, non lo sa?" Eugenio fa il biglietto e si accomoda accanto a una bella ragazza. "Me lo dice, quando devo scendere per l'università? – "Senz'altro, stia tranquillo." – L'autobus passa per le strade del centro. Dai finestrini si vedono negozi eleganti, palazzi del Rinascimento, magnifiche chiese barocche. Man mano l'autobus si riempie, alcuni passeggeri stanno in piedi. Eugenio offre il suo posto a una signora anziana con una valigia e una pesante borsa di cuoio. "Grazie, signore, molto gentile. Dicono che gli uomini non sono più cortesi come prima della guerra, man non è vero. Si trovano ancora i cavalieri d'una volta." Eugenio rimane un po'imbarazzato per questi complimenti inaspettati, qualche passeggero alza gli occhi dal suo giornale e sorride. Alla stazione l'autobus è pieno zeppo; si sta pigiati come sardine; ci si sente soffocare. "L'università è ancora lontana?" – "Ancora 5 fermate. Può scendere alla quinta o alla sesta. Nei due casi sono soltanto pochi passi a piedi." –

GRAMMATICA

sapere – wissen, können

so	sappiamo
sai	sapete
sa	sanno

Il pronome interrogativo – Fragepronomen

chi?	wer?	*che (cosa)?*	was?	*che...?*	was für ein(e)?
di chi?		*di che (cosa)?*			(m. und f.,
a chi?		*a che (cosa)?*			Sg. und Pl.)
chi?		*che (cosa)?*			

Il tedesco "man"

I cavalieri non si trovano spesso – Die Kavaliere finden sich nicht oft = Man findet die Kavaliere nicht oft.

1. Die gebräuchlichste Form, die dt. unpersönliche Konstruktion mit "man" im Ital. wiederzugeben, ist eine Umformung des Satzes in der Weise: das deutsche Objekt wird zum Subjekt, das Verbum wird – formal betrachtet – reflexiv[1]. Dabei erfolgt häufig eine Inversion von Subjekt und Prädikat:

   Man sieht eine barocke Kirche: *Si vede una chiesa barocca.*
   Man sieht viele Geschäfte: *Si vedono molti negozi.*

2. *si + si → ci si*

   ci si sente bene – man fühlt sich wohl

3. Ein eventuelles Prädikatsnomen steht in solchen Sätzen im Plural:

   Quando si è malati, bisogna stare a letto. – Ci si sente bene, quando si è andati in vacanza.

---

1 Die italienische Grammatik verwendet hier den Terminus "*si passivante*".

4. Zusammengesetzte Zeiten werden dabei (Es handelt sich formal um eine Reflexivkonstruktion!) immer mit *essere* gebildet:

Si è sentito un grido – Man hörte einen Schrei.

5. Gelegentlich findet sich auch die 3. Pers. Pl. zur Wiedergabe des dt. "man":

dicono che	man sagt, daß
raccontano	man erzählt
suonano	man läutet, es klingelt

Preposizioni – Präpositionen

a

1. Zur Bezeichnung des indirekten Objekts:
Ho scritto una lettera a Maria. A chi pensi?

2. Zur Ortsangabe (wo? wohin?)
   a) bei Städten und (kleineren) Inseln:
   a Roma, a Berlino, a Capri – in, nach Rom, Berlin, Capri

   b) bei Orten, die im Textzusammenhang nicht als Ort, sondern in ihrer Funktion wichtig sind; beachte hierbei den Gegensatz *a/in:*

*Ieri sono stato **al** cinema.*	**Nel** *cinema "Garibaldi" è scoppiato un incendio.*
*Non c'è nessuno **a** casa.*	**In** *questa casa vivono tre famiglie.*

3. Zur Bezeichnung eines Zeitpunktes:
alle 10, a mezzanotte, a Natale (Weihnachten), *a Pasqua.*

4. Zur Bezeichnung der Entfernung:
a 12 chilometri dalla città

5. Zur Bezeichnung der Art und Weise:
alla milanese, a piedi

6. Als Bestandteil zusammengesetzter Präpositionen und adverbialer Wendungen:
di fronte a, accanto a, a proposito, ad un tratto.

7. Häufig zur Einleitung des Infinitivs:
comincia a piovere.

in

1. Zur Ortsangabe (wo? wohin?)
nella camera, in questo libro, nella strada, vivere (andare) in campagna, in città, in Francia, in Baviera, in Sicilia.
Der Artikel wird in Verbindung mit der Präposition *in* bei Namen von Ländern und Provinzen gesetzt:
a) wenn der Eigenname mit einem Attribut versehen ist:
vivere nell'Italia settentrionale, meridionale, nella Germania occidentale, orientale
b) häufig bei Ländernamen männlichen Geschlechts:
nel Lazio, fare un viaggio nel Venezuela

2. Zur Angabe eines Verkehrsmittels:
Sono venuto in macchina, in treno, in aereo, in bicicletta (bei Zusatz eines Attributs: *con la macchina di mio padre*).

3. Zur Zeitangabe:
nel 1949, nel Quattrocento[1], *in questo momento*

4. Zur Angabe der benötigten Zeit:
Questo lavoro si fa in pochi minuti

5. Zur Angabe einer Personenmenge:
Siamo in 12 – Wir sind zu zwölft

6. Zur Angabe begleitender Umstände und in vielen Redensarten:
in questo modo, fare qc in fretta, vivere in (nella) miseria, dottore in legge (Dr. jur.)

7. Als Bestandteil zusammengesetzter Präpositionen und Adverbien, z. B.:
in mezzo a – inmitten von; *in rapporto a* – im Verhältnis zu; *in fondo* – im Grunde; *in fine, infine* – am Ende, schließlich

---

1 Manchmal auch geschrieben: *nel '400.*

Numeri ordinali – Ordnungszahlen

il primo	1°	*sęttimo*	7°			
secondo	2°	*ottavo*	8°			
tęrzo	3°	*nǫno*	9°			
quarto	4°	*dęcimo*	10°			
quinto	5°	*undicęśimo*	11°			
sęsto	6°	*dodicęśimo*	12°			

Weitere Ordnungszahlen werden gebildet durch Anfügen von *-ęśimo* an die Kardinalzahl, unter Weglassung eines unbetonten Auslautvokals:

il ventunesimo	21°
il trentatreesimo	33°
il quarantottesimo	48°
il millesimo	1000°

1/2 = *(un) mezzo, una metà;* 1/3 = *un terzo;* 1/4 = *un quarto;* 3/4 = *tre quarti.*

Namen von Päpsten und Regenten:
Papa Paolo VI (= Sesto), Vittorio Emmanuele II (= Secondo).

Die römische Ziffer steht hier ohne Punkt. Es steht kein Artikel (dt.: Paul der Sechste).

ESERCIZI

1. Trasformate le frasi seguenti.
   a) Esempio: *Mangiamo. → Si mangia.*
      Lavoriamo. Cominciamo alle 7 di mattina. Parliamo di molte cose. Quando sono in vacanza, non penso al lavoro.

   b) Esempio: *Vedo molte macchine → Si vedono molte macchine.*
      Conosco subito gli amici. Offriamo dei vini eccellenti. La sera guardiamo la TV. Metto l'abito scuro. A scuola studiamo testi poco interessanti. In quel ristorante mangio dei buoni spaghetti. Abbiamo visto i cattivi risultati del tuo lavoro.

*2. Trasformate nel modo indicato.
   Esempio: *Non sono sempre cortese → Non si è sempre cortesi.*
   Non sono mai stato contento. – Ti sei ingannato. – Non posso mai essere tranquillo. – Mi sono sentito bene. – Non mi sono ancora abituato al freddo. – Quando sei vecchio, ti stanchi più presto.

*3. Molte cose sono identiche in Germania e in Italia. Completate nel modo indicato.
   Esempio: *Gli italiani s'interessano di calcio. → Anche da noi ci s'interessa di calcio.*
   Gli italiani si riposano dopo pranzo. – Gli italiani si divertono a teatro. – Gli italiani non s'interessano molto del passato. – Gli italiani si arrabbiano,

quando i prezzi aumentano. – I professori italiani si servono di una terminologia difficile. – Gli italiani non si sono ancora abituati alla letteratura moderna.

4. Aggiungete la preposizione che manca.
Esempio: *Sono venuto ... treno* → *Sono venuto in treno.*
Sono vissuto 6 anni ... Monaco; adesso viviamo ... Torino, ... Piemonte. Come sei venuto ... Roma? ... treno, ... treno delle 10 1/2. Di dove è Lei? Sono ... Norimberga. Dove si trova questa città? ... Franconia, ... Baviera settentrionale, ... 200 km ... Monaco. Mario è venuto ... piedi, suo fratello invece ... propria macchina. Ci vediamo stasera ... 8 ... stazione. Che cosa si vede ... strada?

*5. Leggete: Giovanni Paolo II, Guglielmo II, Giovanni XXIII, Federico II, Arrigo IV, Clemente VII, Pio XI, Luigi XIV; il 1° maggio, il 26 marzo, il 31 giugno, il 29 luglio, il 18 dicembre.
Una di queste date non va bene. Correggetela.

*6. Bruno racconta alla nonna, che cosa ha fatto domenica scorsa. La nonna, purtroppo, non sente bene. Voi siete la nonna.
Esempio: *Ieri ho dormito fino alle 10* → *Fino a che ora hai dormito?*
Mi sono alzato alle 10 1/2. – Ho letto un paio di giornali. – Ho mangiato al ristorante "Da Peppino". – Ci ho messo un'ora. – Sono andato alla partita di calcio. – Ci sono stato con Paolo. – Ho pagato 1500 Lire. – La partita è stata brutta. – Ha vinto l'Inter. – Dopo la partita abbiamo incontrato Antonio. – Abbiamo preso l'aperitivo da Antonio. – Ci siamo rimasti due ore. – Ci siamo rimasti fino alle 7. – Cara nonna, devi comprarti un apparecchio acustico. – Devi comprarti un apparecchio acustico, perchè non senti bene.

7. Traducete. – Weißt du, wo sich das Kino Adriano befindet? Im Zentrum der Stadt, nicht weit von der Hauptstraße, gegenüber dem Justizpalast, neben einer Kirche. Man kann den 77er (*il 77*) nehmen; in diesem Fall ist es die fünfte Haltestelle. – Kann man auch zu Fuß gehen? Nein, es scheint mir zu weit. – Ist es wahr, daß man in Deutschland jeden Tag Kartoffeln ißt? In Deutschland macht man auch keinen guten Kaffee. Man geht dort früh zu Bett und steht früh auf. Das sind Dinge, die man häufig in Italien, aber auch in anderen Ländern hört. – In diesem Dorf fühlt man sich sehr wohl; mir gefällt das Leben auf dem Lande, inmitten einfacher Leute. Was sagst du dazu? (= davon)? Ich weiß nicht, wovon ihr gesprochen habt. – Man sieht, daß du nicht zugehört hast. – Warum steht ihr? Nehmt, bitte Platz! Alle anderen sitzen bereits. – Im Grunde hat er recht, aber auch du hast nicht unrecht.

LEZIONE 10

LA BORSA DI STUDIO

Caro Michele,

ecco una bella sorpresa: alcuni giorni fa ho avuto una borsa di studio per un soggiorno di quattro settimane in Italia. Figurati come sono contento! Andrò all'Università per Stranieri di Perugia, che è molto rinomata per i suoi corsi

---

Modulo d'iscrizione

Data . . . .
. . . . . . sottoscritt . . . domanda di essere iscritt . . . a . . .
Corso Superiore di letteratura, storia, arte e musica italiana
Corso Medio di lingua, letteratura e storia italiana
Corso Preparatorio di lingua italiana.
Per . . . mesi.
Con decorrenza dal . . . . al . . . .
(indicare il periodo nel quale si desidera seguire i corsi. Non si può essere iscritti per meno di un mese).
Si raccomanda di scrivere con la massima chiarezza, possibilmente a macchina.

Cognome   Sig.^{re}
(nome di famiglia)   Sig.^{ra}
                      Sig.^{na}

Nome   . . . .
Luogo e data di nascita   . . . .
Nazionalità   . . . .
Titolo di studio (se posseduto)   . . . .
Professione   . . . .
Residenza abituale   . . . .
          (Firma)   . . . .
(Indirizzo preciso)   . . . .

È opportuno unire un biglietto da visita e due fotografie formato tessera.

---

estivi. Mi sono fatto mandare subito il programma. Il trimestre estivo durerà dal 1° luglio fino al 30 settembre. Mi piacerebbe moltissimo rimanervi per tutti questi tre mesi; ma siccome da noi, come sai, le scuole non chiudono prima del 20 luglio, io m'iscriverò per quattro settimane: dal 5 agosto fino al 1° settembre. Ci saranno corsi per principianti, per progrediti e un corso superiore. Io penso che potrò seguire senza difficoltà il corso medio. Che ne dici tu? In questo corso si faranno esercizi di grammatica e di conversazione e si leggerà un romanzo di un autore moderno. Inoltre avranno luogo delle conferenze sulla letteratura italiana e sulla storia d'Italia. Vorrei anche partecipare ad alcune gite ai centri storici dei dintorni. Qualcuno mi ha detto che verranno giovani da tutto il mondo: tedeschi, francesi, inglesi, americani, spagnoli, scandinavi ecc. Non potresti venire anche tu a Perugia in quel periodo? Sarebbe una bella occasione di rivederci dopo tanto tempo. Spero che i corsi mi lasceranno un po' di tempo libero, che potremmo passare insieme. – Ti prego di farmi avere presto una risposta; intanto ti saluto molto affettuosamente,

tuo Eugenio.

GRAMMATICA

Il futuro – Futur

trov-er-**ò**	trov-er-**emo**	Ebenso:	perd-er-ò
trov-er-**ai**	trov-er-**ete**		sent-ir-ò
trov-er-**à**	trov-er-**anno**		fin-ir-ò

Formazione del futuro – Bildung des Futurs

Die Endungen des Futurs treten an den um das auslautende -e verkürzten Infinitiv[1]. Dabei ist zu beachten:

1. Bei den Verben auf -are wird der kennzeichnende Vokal a zu e geschwächt: trovare → troverò.

2. Bei manchen Verben wird ein unbetontes e oder i ausgestoßen. Man merke deshalb besonders:

---

1 Entstehung aus trovare ho = ich habe zu finden, ich werde finden.

avere	– avrò		potere	– potrò
andare	– andrò		sapere	– saprò
cadere	– cadrò		vedere	– vedrò
dovere	– dovrò		vivere	– vivrò

Weitergehende Veränderungen bei:

bere	– berrò		venire	– verrò
rimanere	– rimarrò		volere	– vorrò
	essere	–	sarò	

L'uso del futuro – Gebrauch des Futurs

1. Der Unterschied zwischen Präsens und Futur wird etwas mehr als im Deutschen beachtet; jedoch kann auch das Präsens die Funktion des Futurs übernehmen.
Ich reise morgen ab: *parto domani, partirò domani.*

2. Das Futur kann nicht nur zur Bezeichung eines zukünftigen Geschehens, sondern auch zum Ausdruck einer Vermutung oder eines Zweifels verwendet werden.

Quanti anni avrà?	–	Wie alt wird er (wohl) sein?
Che ore sono?		
Saranno le dieci.	–	Es wird (wohl) zehn Uhr sein.

Futuro anteriore

avrò trovato	– ich werde gefunden haben
sarò stato	– ich werde gewesen sein

Il condizionale – Konditional

trov-er-**ei**	trov-er-**emmo**
trov-er-**esti**	trov-er-**este**
trov-er-**ebbe**	trov-er-**ẹbbero**

Ebenso: *perd-er-ei*
sent-ir-ei
fin-ir-ei

Was oben zur Bildung des Futurs gesagt wurde, gilt analog.
Der Konditional entspricht dem dt. Konjunktiv Imperfekt (außer in Konditionalsätzen; vgl. L 13):

troverei – ich fände, würde finden.

Condizionale passato – Konditional der Vergangenheit

avrei trovato	–	ich hätte gefunden
sarei stato	–	ich wäre gewesen

fare – lassen, veranlassen[1]

far fare qc a q	–	machen lassen
far venire	–	kommen lassen
far sentire	–	fühlen lassen
Mi sono fatto fare un vestito	–	Ich habe mir ein Kleid machen lassen.

Modi di dire con *fare*:

aver molto da fare	–	viel zu tun haben
fare il medico	–	den Beruf eines Arztes ausüben
tre per tre fa nove	–	$3 \cdot 3 = 9$
fare (una) bella figura	–	einen guten Eindruck machen
fare (una) brutta figura	–	einen schlechten Eindruck machen
fare (farsi) la barba	–	(sich) rasieren
fare il biglietto	–	den Fahrschein lösen
far fortuna	–	sein Glück machen
far bene a q.	–	jem. guttun
far male a	–	schaden, weh tun
fa caldo (freddo)	–	es ist warm (kalt)
si fa buio (chiaro)	–	es wird dunkel (hell)
farsi raro	–	selten werden
mi fa piacere	–	es freut mich
questo non fa per me	–	das ist nichts für mich
fare a meno di ...	–	entbehren, ohne ... auskommen
ne posso fare a meno	–	ich kann es entbehren
15 giorni fa	–	vor 2 Wochen

---

1 Jedoch *lasciare* – zulassen: *Lasciami ascoltare la radio.*

Preposizioni

da

1. Zur Bezeichnung des Urhebers beim Passiv:
   un libro conosciuto da tutti

2. Örtlich (und übertragen): von (her):
   venire da lontano, guardare dalla finestra (zum Fenster hinaus),
   a 2 km dalla città, dal primo all'ultimo

3. Zeitlich: seit, von (an):
   dal 1° settembre, dall'inizio (fino) alla fine

4. bei, zu (Personen):
   andare dal medico; sono stato da te, da un mio amico

5. Zur Angabe des Zweckes, der Bestimmung:
   macchina da scrivere, biglietto da visita, camera da letto

6. Zur Angabe einer Eigenschaft (Körpermerkmal, Charakter, Kleidung):
   una ragazza dagli occhi azzurri, dalle mani bianche

di

1. Ausdrücke mit *di* stehen für den dt. Genitiv:
   la macchina di Giovanni, l'ingresso del teatro

2. Für dt. zusammengesetzte Wörter:
   mal di testa – Kopfweh; *corso di lingua* – Sprachkurs

3. Zur Bezeichnung eines Teils aus einer größeren Menge:
   due di questi ragazzi

4. Beim Articolo partitivo (L 7):
   Ho comprato del vino

5. Nach Maßangaben (einschließlich *un poco*):
   un litro di birra, un chilo di caffè, un po' di pazienza, un metro di stoffa

6. Beim Vergleich (L 13):
   più grande di me; meno di un mese

7. Zur Bezeichnung des Autors:
   una commedia di Goldoni; un romanzo di Vittorini

8. Zur Bezeichnung der Herkunft:
   di dove è Lei?

9. Zur Bezeichnung der Materie, aus der etwas besteht:
   un vestito di seta

10. Bei geographischen Eigennamen als Apposition:
    l'isola d'Elba; la città di Parigi

11. Bei manchen Zeitangaben (verallgemeinernd):
    di notte – nachts; *d'estate* – im Sommer (jedoch: *in autunno, in primavera*)

12. Häufig zur Einleitung des Infinitivs (L 11):
    l'occasione di rivedersi; spero di rivederti presto

per

1. Örtlich: über – hin, durch, über:
   camminare per le strade di Firenze; passare per Bologna

2. zu, nach, in Richtung auf:
   l'autobus per la stazione; partire per Milano

3. Zeitlich (zur Angabe der Dauer):
   Ha parlato per due ore; voglio rimanere per un mese

4. für, zugunsten von:
   lavorare per gli altri; fatelo per me

5. Distributiv:
   uno per uno (je einer); *tre per tre fa nove*

6. Zur Angabe des Preises:
   ho comprato la casa per 200 milioni.

7. wegen:
   rinomato per . . .; per questa ragione; per me (meinetwegen)

8. Bei Ausrufen:
   per bacco! (beim Bacchus; etwa: Donnerwetter!)

9. Zur Bezeichnung der Art und Weise einer Übermittlung:
   per lettera; per iscritto (schriftlich); *per telefono*

10. um zu:
    sono venuto per vederti

11. Zur Bezeichnung einer unmittelbar bevorstehenden Handlung
    (mit *stare*): *sto per partire* – ich bin im Begriff abzufahren

ESERCIZI

1. Coniugate all'indicativo presente, al futuro e al condizionale: essere, avere, andare, volere, imparare, fare, pentirsi, vendere, ricordarsi, potere.

2. Formate delle frasi. Usate il futuro.
   Esempio: *Domani (noi) partiremo per Torino*

domani	il treno	arrivare	a	la stazione
alle 8 di sera	noi	partire	in	l'Italia
l'anno prossimo	tu	venire	da	Torino
fra 15 minuti	Lei	andare	per	
	voi	passare		

*3. Mettete al futuro.
   Esempio: *Domani vado a Perugia* → *Domani andrò a Perugia.*
   Domani pomeriggio siamo a casa. – L'aereo parte alle 8. – Vengo verso sera. – Dovete sbrigarvi. – Maria resta a casa. – Domani non ho tempo. – Quest'autunno i genitori sono a casa. – Scendiamo alla quinta fermata. – Bruno rimane ancora due settimane. – Vieni alla nostra festa? – Domenica prossima gli Agostini partono per Milano.

*4. Prendete il ruolo di B. A e B si danno del *Lei.* Usate *ne, ci* ed i pronomi personali atoni.
   Esempio: A: *Non vado a Roma.* → B: *Non va a Roma? Io ci andrei.*
   Non sono contento del risultato. – Non voglio la borsa di studio. – Non vado alla partita. – Non ho riempito i moduli. – Non posso fare a meno del lavoro. – Non devo accompagnare i miei genitori. – Non faccio quest'esercizio. – Non gli dico la notizia.

*5. Rispondete nel modo indicato. Non ripetete il sogetto.
Esempio: *Giovanni viene alla festa se ha tempo?* → *Verrebbe alla festa, ma non ha tempo.*
Prendete una spremuta di limone se avete sete? – I bambini si alzano se ci sono persone anziane? – Maria, vuoi partecipare alla gita se sei libera? – Posso andare a piedi se c'è molto tempo? – Bruno può venire se vuole? – Gli Agostini prendono un tassì se l'autobus è pieno? – La signora Agostini mette la pelliccia se le sta bene? – Possiamo vederci se hai un'ora libera? – La famiglia è contenta se la Lazio vince?

*6. Fate delle domande nel modo indicato.
Esempi: *Sai l'indirizzo di Maria?* → *Vuoi andare da Maria?*
Sai l'indirizzo di quest'ufficio? → *Vuoi andare a quest'ufficio?*
Sai l'indirizzo del medico? – Sai l'indirizzo del museo di archeologia? – Dov'è la banca? – Sai l'indirizzo del professore? – Dove abita quell'attrice? – Dov'è la stazione? – Sai l'indirizzo dell'Università per Stranieri? – Dov'è l'ufficio informazioni? – Dove abita Pietro?

7. Aggiungete le preposizioni convenienti.
Esempio: *Il treno si ferma ... Frosinone* → *Il treno si ferma a Frosinone.*
... chi vai stasera? Verrò ... te, se sei ... casa. – ... chi è questa macchina? Sembra la macchina ... mio zio. – Ho fatto di tutto ... ritrovare la chiave perduta. Vi aspetto ... un'ora. Dove parte il treno ... Milano? Dove arriva il treno ... Napoli? Ti prego ... scusarmi. Uno ... voi dovrà stare ... piedi. Che ne dici? Non hai niente ... dire? – ... quando vive Lei ... Roma? Vivo ... Roma ... molto tempo, ma non sono ... qua. ... notte non si vede bene. Mi sono comprato un orologio ... oro. Non te lo dirò ... i tuoi begli occhi. Preferisco un vino ... pasto. Mia sorella va ancora ... scuola; io invece sto ... fare gli esami. Mi è sempre piaciuta la vita ... mare: ... estate si può fare il bagno, ... inverno non fa troppo freddo. ... andare in Italia dovrete passare ... il Brennero. La vita è piena ... sorprese. Tuo padre è un uomo ... aspetto ancora giovane.

8a. Formate delle frasi.
Esempio: *Ti ha chiesto il tuo indirizzo.*

mi	chiede	1000 lire
ti	ha chiesto	l'ora
gli, le	chiederebbe	il (mio) indirizzo
ci		due libri
vi		
	loro	

b. Sostituite il sostantivo con un pronome.
Esempio: *Ti ha chiesto il tuo indirizzo* → *Te l'ha chiesto*

9. Traducete. – Beeile dich! Wie lange willst du mich noch warten lassen? Du weißt nicht, was du anziehen sollst? Zieh dir das neue Kleid an, das du dir neulich von deiner Freundin hast machen lassen und das dir so gut steht. Da ist auch die goldene Uhr; zieh sie dir an! – Es läutet an der Tür. Wer wird es wohl sein? Ah, Giovanni, du bist es. Was willst du? – Ich möchte (= würde wollen) dich um einen Gefallen bitten. Hast du ein bißchen Zeit für mich? – Leider nein. Wir sind gerade dabei, ins Theater zu gehen. Willst du uns begleiten? Du würdest uns ein Vergnügen machen. – Nein, das Theater ist nichts für mich; ich habe nicht einmal einen Abendanzug. Außerdem bin ich vor 2 Tagen dort gewesen, aber es hat mir nicht gefallen. Es ist eine moderne Komödie von einem amerikanischen Autor. Ich möchte nicht ein zweites Mal dorthin gehen. – Mir jedoch gefällt das Theater sehr gut; ich könnte nicht ohne es auskommen. – Also dann, viel Vergnügen und auf Wiedersehen!

LEZIONE 11

CRONACA FAMILIARE

La camera che avevo in subaffitto era lunga nove passi e larga cinque, come una cella, infatti. La finestra non era una finestra ma un pertugio, stando affacciati avanzavano le spalle. L'avevo arredata con un lettino, un tavolo e una sedia. Nell'affitto non era compresa la pulizia ed io avevo poca cura di me in quei tempi. Avevo un solo lenzuolo, grande da potersene servire per sotto e sopra, quando mi decidevo a farlo lavare restavo senza. Ed avevo una sola coperta ... La camera accumulava molta polvere, io la toglievo soltanto dal tavolo, e nemmeno. D'estate l'aria era irrespirabile; c'era il sole tutto il giorno, io mi denudavo completamente, mi si appiccicava il sedere sulla sedia. Ma d'inverno era peggio, non riuscivo a difendermi dal freddo. Ogni tanto, nei suoi pomeriggi di libertà, la nonna veniva a rassettare, ma io non volevo perchè per lei era una pena, non faceva che piangere e rimproverarmi. Ultimamente le avevo detto di essere tornato al lavoro e di avere affittato una bella camera ammobiliata con il riscaldamento e la cameriera che la puliva. – (segue)

Piccola pubblicità

Lavoro – offerte

Domestica, famiglia distinta, 2 bambini, cerca 40/50enne, referenziata.

Lavoro, Impiego – domande

Cameriera, 16enne, referenziata offresi.

Laureato in economia e commercio, 30enne, settennale esperienza commerciale presso grande ditta milanese, libero subito, esaminerebbe proposte di lavoro.

Rappresentanti – offerte

A giovani che desiderano carriera commerciale solo se dotati media cultura e grande volontà e serietà importante organizzazione nazionale mobili uffi cio offre serio lavoro di prospettiva.

Locali – offerte

A.A.A. Affittasi appartamento signorile, stile francese, 200 mq.

Locali – domande

Appartamento ben arredato, telefono, cerca dirigente industriale.

Matrimoniali

1968
Genitori sposerebbero figlia unica 30enne, impiego sicuro, carina, a serio settentrionale referenziato, laureato o diplomato.

Industriale, 38enne, distinto, colto, interessi internazionali, desidera conoscere scopo matrimonio bellissima massimo 25enne, rigorosamente educata, bionda, dotata di gusto, capace costruire vero elegante ambiente per uomo di alta classe.

1988
Ultraquarantenne divorziata conoscerebbe scopo amicizia eventuale matrimonio gentiluomo di campagna o professionista, sensibile intelligente buono onesto equilibrato, massima riservatezza. Corriere... – 20100 Milano.

GRAMMATICA

Imperfetto – Imperfekt

trova-**v-o**	*trova*-**v-amo**
trova-**v-i**	*trova*-**v-ate**
trova-**v-a**	*trovạ*-**v-ano**

ebenso: *perde-v-o*
  (ave-v-o)
  senti-v-o
  fini-v-o

Die Endungen des Imperfekts treten an den um *-re* verkürzten "vollen"[1] Infinitiv: *volevo, potevo, venivo, facevo, bevevo, dicevo.*

Imperfetto di essere:

er-**o**	*era*-**v-amo**
er-**i**	*era*-**v-ate**
er-**a**	*ẹr*-**ano**

Das Imperfekt ist dasjenige Tempus, in dem Ereignisse oder Zustände der Vergangenheit dargestellt werden, die im Textzusammenhang keinen weiteren Handlungsfortschritt bringen und bei denen weder der Anfangs- noch der Endpunkt des Ereignisses oder Zustandes von Bedeutung sind (vgl. Imparfait im Franz.).

Trapassato prossimo – Plusquamperfekt

avevo visto – ich hatte gesehen
ero venuto – ich war gekommen

Zur Verwendung der verbi ausiliari *essere* und *avere* in den zusammengesetzten Zeiten vgl. L 8.

---

1 "voll" ist hier historisch zu verstehen; vgl. lat. venire, facere, bibere, dicere, vulgärlat. volere, potere.

Preposizioni

su

1. örtlich: auf (wo? wohin?):
   sulla sedia, sul tavolo, sui giornali (in den Zeitungen)

2. Bei Zahlen: um ... herum:
   un vecchio sui settanta; ho pagato sulle mille (lire)

3. übertragen: über (Gegenstand eines Gesprächs, Buchs etc.):
   discutere sulla messa in scena

4. modi di dire:
   sul serio – im Ernst; *essere sul punto di* ... im Begriff stehen etw. zu tun
   (ähnlich: *stare per* ...)

ᴚopra

1. oberhalb von:
   sopra le nuvole, sopra la città

2. über:
   mettersi la giacca sopra la camicia; il soprạbito – Überzieher, Mantel

3. in übertragenen Bedeutungen:
   soprattutto – vor allem; *i giovani sopra i 18 anni*

sotto

1. unter:
   sotto il cielo, sotto la coperta

2. unter der Herrschaft von:
   è nato sotto Umberto II.

3. modi di dire:
   avere sott'occhio – vor Augen haben; *sotto quest'aspetto* – unter diesem
   Gesichtspunkt; *sotto pena di morte* – bei Todesstrafe; *sotto voce* – leise, mit
   leiser Stimme.

davanti a

örtlich: vor:
davanti all'ingresso del teatro

dietro

örtlich: hinter:
dietro la chiesa, uno dietro l'altro

di fronte a, dirimpetto a

örtlich: gegenüber:
Di fronte a quella casa si trova un cinema.

Weitere Präpositionen zur Ortsangabe:
in mezzo a – inmitten von; *accanto a* – neben; *vicino a* – nahe bei

Viele Präpositionen können auch als Adverbien verwendet werden:
andar su; i genitori vivono sopra, i figli sotto; il bar accanto; il cinema di fronte.

L'infinito – Infinitiv

Der Infinitiv kann ohne Präposition stehen; er kann auch von verschiedenen Präpositionen begleitet sein:

1. ohne Präposition:
   a) nach unpersönlichen Ausdrücken: *È triste essere soli la domenica. Mi piace mangiar bene. Bisogna abituarsi a queste difficoltà.* (Jedoch: *mi dispiace di non poter aiutarlo*)
   b) nach den Verben *volere, potere, sapere, preferire, fare, lasciare: Giovanna può (vuole, deve) venire con me. Non so fare la pulizia. Lasciami fare. Mi sono fatto venire un orologio da Londra. Preferisco stare a casa.*
   c) nach Verben der Sinneswahrnehmung: *sento gridare i bambini; la vedevo venire.*

2. mit *di* zum Ausdruck einer allgemeinen Beziehung (häufigste Präposition beim Infinitiv):

Siamo contenti di rivedervi. Ho paura di perderlo. Ho deciso di farlo lavare.
Avevo detto di essere tornato al lavoro. Ti prego di scusarmi. Gli ho detto di
tornare domani (... er solle ...). *Non finisce di piovere.*

3. mit *a* ebenfalls zum Ausdruck einer allgemeinen Beziehung (wie *di*); es steht
   häufig (jedoch nicht aussschließlich) bei Verben, auf die auch ein nominales
   Objekt mit *a* folgen kann:
   L'abbiamo invitato a cena → *a mangiare con noi.*
   Andremo a Frosinone → *a vedere i nonni.*
   Mi sono deciso alla partenza → *a partire.*
   È cominiciato a piovere, continua a piovere. – La nonna veniva a rassettare.
   – Non riuscivo a difendermi dal freddo.

4. mit *da* zur Angabe einer Zweckbestimmung:
   macchina da scrivere; non ho nulla da dire; avevo molto da fare; ... *grande*
   da potersene servire per sotto e sopra.

5. mit *per* (um zu):
   Che mezzo devo prendere per andare all'università? Sono venuto per vederti.
   Ferner: *stare per* ... (L 10).

6. mit *senza* (ohne zu):
   paga senza protestare.[1]

uscire – hinausgehen

esco	*usciamo*
esci	*uscite*
esce	*ęscono*

togliere (tolto) – wegnehmen

tolgo	*togliamo*
togli	*togliete*
toglie	*tolgono*

Ebenso: *riuscire*

---

1 Weitere Infinitivkonstruktionen (mit *dopo, prima, di, per*) können an die Stelle von dt.
  Nebensätzen treten (vgl. L 15).

ESERCIZI

*1. Dialogo fra padre e figlio. La sera precedente il figlio ha bevuto troppo. Voi siete il padre. State attenti alle parole *mai* e *sempre*.
Esempi: *Papà, sono molto stanco.* → *Io non ero mai stanco alla tua età.*
Non riesco ad alzarmi. → *Io riuscivo sempre ad alzarmi alla tua età.*
Ho sonno. – Sono molto stanco. – Mi sento male. – Non voglio andare al lavoro. – Devo restare a casa. – Non posso mangiare. – Ho il mal di testa. – Non so più che cosa fare contro il mal di testa.

*2. Rispondete nel modo indicato. Usate due pronomi atoni.
Esempi: *Perchè hai dato il libro a Paolo?* → *Paolo me l'aveva chiesto.*
Perchè Paolo non ha detto la notizia a Maria? → *Maria non gliel'aveva chiesta.*
Perchè hai dato i due libri a Paolo? – Perchè hai dato mille lire a Maria? – Perchè hai raccontato quella storia allo zio? – Perchè Michele non ha dato una risposta all'ufficio? – Perchè non mi hai detto la tua opinione? – Perchè avete dato il vostro indirizzo a Maria? – Perchè Paolo ha dato queste informazioni alla banca? – Perchè Lei non ha detto questa notizia agli studenti?

3. Formate delle frasi.
Esempio: *(Tu) sei sempre riuscito a difenderti.*

io	riuscire	non ... mai	vincere
questi studenti	essere riuscito	non ... ancora	dormire
tu		sempre	alzarsi
noi		ogni tanto	difendersi
		spesso	

4. Formate delle frasi.
Esempi: *Li preghiamo di partire domani.*
Gli dirò di tornare presto.

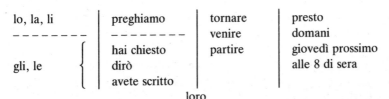

lo, la, li	preghiamo	tornare	presto
-------	-------	venire	domani
	hai chiesto	partire	giovedì prossimo
gli, le	dirò		alle 8 di sera
	avete scritto		
	loro		

5. Formate delle frasi.
   Esempio: *Bruno deve lavorare molto.*

Bruno	preferire	riposarsi	un po'
voi	volere	studiare	molto
i miei amici	potere	telefonare	troppo
	dovere	lavorare	
	desiderare		

6. Formate delle frasi.
   Esempi: *I nostri genitori cominiciano a discutere.*
   L'attore finisce di interessarsi.

noi	cominciare	scrivere
i nostri genitori	continuare	discutere
l'attore	finire	sorridere
io		interessarsi
		piangere

Per le frasi degli esercizi 5 e 6 servitevi dapprima del presente, poi anche di altri tempi.

*7. Riunite le frasi seguenti nel modo indicato.
   Esempi: *Paolo non lavora. Non vuole.* → *Paolo non vuole lavorare.*
   Paolo è solo. Ne è triste. → *Paolo è triste di essere solo.*
   Paolo è solo. Non ci si è ancora abituato. → *Paolo non si è ancora abituato ad essere solo.*
   Paolo vive in subaffitto. Non ne è contento. – Non ha trovato una camera più bella. Non ci è riuscito. – Non ha ascoltato i miei consigli. Se ne è già pentito. – Non invita i suoi amici. Non può. – Vede i mobili coperti di polvere. Ci si è abituato. – Non fa la pulizia. Non vuole. – Troverà un appartamento più bello. Ne è certo. – Fa progetti per il futuro. Ciò gli piace. – È tornato al lavoro. Lo dice alla nonna.

8. Traducete. – a) Es gibt nichts Neues (*nulla di nuovo*) unter der Sonne. Das Flugzeug befand sich gerade über jenem Palast. Unter diesem Gesichtspunkt war seine Arbeit nicht zu tadeln. Der Autobus hat vor der Bank angehalten. Hinter dem Kino tut sich ein großer Platz auf (= öffnet sich). Wir haben viel über jene Nachricht diskutiert. Wir haben zwei Zimmer zu vermieten.

b) Vor einer Woche bin ich bei dir, in eurer Stadt gewesen. Ich hoffte, dich zu sehen, aber du warst nicht da. Ich war gekommen, um dich um einen Gefallen zu bitten. So habe ich abreisen müssen, ohne dich gesehen zu haben. Das tut mir sehr leid.

c) Es ist leicht gewesen, ihm zu folgen. Es wird schwierig sein, dich zu finden. Ich würde Sie gerne begleiten (= Es würde mir gefallen ...). Man mußte zufrieden sein (= Es war nötig ...). Es ist schön, zuhause zu sein, wenn es regnet. Man darf nicht zuviel sagen. Es war leicht, ihm die Furcht zu nehmen.

9. Fate la descrizione della vostra camera, del vostro appartamento.

10. Uomo e donna negli annunci matrimoniali: 1968 e vent'anni dopo.

LEZIONE 12

CRONACA FAMILIARE (II)

Inventai un indirizzo qualsiasi e le dissi di non venirmi a trovare siccome non ero mai in casa. Lei pensò che mi vergognassi della sua uniforme. Ma non resistè alla tentazione. Un giorno, all'Ospizio, mi raccontò di essere stata a quell'indirizzo dove nessuno mi conosceva. "Hai capito male il numero" le dissi. Ma non si poteva continuare. Perciò le dissi che avevo trovato un impiego a Roma. Questa volta le detti l'indirizzo di un mio amico romano al quale inviavo le lettere da impostare; lui mi respingeva quelle della nonna. ...

Fu un pomeriggio di marzo, verso le sette di sera. Da due giorni eravamo senza luce perché la padrona non aveva pagato la bolletta dell'elettricità. Leggevo a lume di candela, sentii bussare alla porta; soffiai sulla candela e non risposi siccome credevo fosse la padrona ... Udii la sua voce chiamare, la udii tentare la maniglia. Poi si allontanò. Io mi accostai alla porta ... Sentii la tua voce: "Gli dica che c'è stato suo fratello."

(Da: Vasco Pratolini, Cronaca familiare)

GRAMMATICA

Passato remoto[1]

Das imperfetto (*trovavo* etc.) stellt Ereignisse oder Zustände der Vergangenheit dar, ohne eine zeitliche Aufeinanderfolge oder Anfangs- bzw. Endpunkt zu markieren. Soll eine Aufeinanderfolge von Ereignissen erzählt werden, so kann sich das Italienische zweier verschiedener Tempora bedienen: passato prossimo (*ho trovato*) in der Umgangssprache, passato remoto in der Schriftsprache[2]. Allerdings bedient man sich auch in letzterer des passato prossimo, wenn Ereignisse der Vergangenheit mit Bezug auf die Gegenwart dargestellt werden sollen: *Nostro fratello ci ha mandato delle notizie che sono molto importanti.*

Umgangssprache	Schriftsprache
Eravamo senza luce ... Leggevo a lume di candela. **Ho sentito** *bussare alla porta;* **ho soffiato** *sulla candela e non* **ho risposto.**	*Eravamo senza luce ... Leggevo a lume di candela.* **Sentii** *bussare alla porta;* **soffiai** *sulla candela e non* **risposi.**

Formen des passato remoto

a) Schwache Verben

trov- **ai**	*trov-* **ammo**	*sent-* **ii**	*sent-* **immo**
trov- **asti**	*trov-* **aste**	*sent-* **isti**	*sent-* **iste**
trov- **ò**	*trov-* **ąrono**	*sent-* **ì**	*sent-* **įrono**

vend- **ei**[3]	*vend-* **emmo**
vend- **esti**	*vend-* **este**
vend- **è**[4]	*vend-* **ęrono**[5]

---

1 Was hier zum passato remoto gesagt wird, gilt im wesentlichen entsprechend (hinsichtlich Bildung und Verwendung) für das seltenere Trapassato remoto (*ebbi trovato*): imperfetto: passato rem. = trapassato pross.: trapassato rem.
2 Abgesehen wird hier von zwei Tatsachen: a) Umgangssprache (und damit pass. pross.) in der Literatur; b) Vorherrschen des pass. remoto in Dialekten Süditaliens.
3 Oder *vendetti*
4 Oder *vendette*
5 Oder *vendettero*

b) Starke Verben

Sehr viele Verben auf *-ere*, einige wenige auf *-ire* sowie *fare* bilden das passato remoto abweichend in 1. und 3. Pers. Sg., sowie 3. Pers. Pl.[1]

dire:

DISSI	*dicemmo*
dicesti	*diceste*
DISSE	*DISSERO*

fare:

FECI	*facemmo*
facesti	*faceste*
FECE	*FECERO*

Es ist hier also jeweils die 1. Pers. Sg. des passato remoto eigens zu lernen:

Infinitiv	pass. rem.		Infinitiv	pass. rem.
apparire	*apparvi*	*(apparisti)*	*piacere*	*piacqui*
bere	*bevvi*	*(bevesti)*	*piangere*	*piansi*
cadere	*caddi*	*(cadesti)*	*piovere*	*piovve*
chiedere	*chiesi*	*(chiedesti)*	*prendere*	*presi*
chiudere	*chiusi*		*respingere*	*respinsi*
conoscere	*conobbi*		*rimanere*	*rimasi*
correre	*corsi*		*rispondere*	*risposi*
crescere	*crebbi*		*sapere*	*seppi*
decidere	*decisi*		*scendere*	*scesi*
difendere	*difesi*		*scrivere*	*scrissi*
dire	*dissi*		*(sor)ridere*	*(sor)risi*
dirigere	*diressi*		*spegnere*	*spensi*
discutere	*discussi*		*tenere*	*tenni*
mi dispiace	*mi dispiacque*		*togliere*	*tolsi*
esprimere	*espressi*		*vedere*	*vidi*
fare	*feci*		*venire*	*venni*
leggere	*lessi*		*vincere*	*vinsi*
mettere	*misi*		*vivere*	*vissi*
muovere	*mossi*		*volere*	*volli*
nascere	*nacqui*			

---

1 Verschiedene Bildungsweisen: *-s-*, Ablaut etc.

c) stare, dare

stetti	*stemmo*	*diedi*[1]	*demmo*
stesti	*steste*	*desti*	*deste*
stette	*stettero*	*diede*[1]	*diędero*[1]

d) essere, avere

essere:	*fui*	*fummo*	*avere:*	*EBBI*	*avemmo*
	fosti	*foste*		*avesti*	*aveste*
	fu	*furono*		*EBBE*	*EBBERO*

Il pronome relativo – Relativpronomen

Das Relativpronomen kennt im Italienischen keine Unterscheidung nach Genus und Numerus.

Subj. und dir. Obj. **che**: *la cameriera che puliva; la camera che avevo.*

nach Präp. **cui**: *gli studenti di cui abbiamo parlato; l'amico a cui inviavo le lettere; l'uomo (la ragazza) con cui sono venuto.*

Die Präposition *di* entfällt gewöhnlich vor *cui*, wenn dieses vor einem Substantiv steht: *il signor D., il cui appartamento ho visto* (... dessen Wohnung ...).

Merke also: "dessen", "deren" = *il cui (marito)*
la cui (moglie)
i cui (fratelli)
le cui (sorelle)

Neben *che* und *cui* steht das etwas umständlichere *il/la quale, i/le quali: l'amico al quale inviavo le lettere.*

Gelegentlich dient *il quale* zur Vermeidung von Mißverständnissen:

La domestica del signor R.,	**con cui** *ho parlato per un'ora*
Dafür:	**con la quale** ...
oder:	**con il quale** ...

---

1 Daneben: *detti, dette, dettero.*

Ohne Bezug auf ein vorhergehendes Substantiv steht *chi* – derjenige welcher; wer: *Chi dorme non piglia pesci* – Wer schläft, fängt keine Fische (Sprichwort). *Chi tardi arriva male alloggia* – Wer nicht kommt zur rechten Zeit ...

"das, was" = *ciò che* oder *quello che: Ti ho detto ciò (quello) che sapevo.*

I segni d'interpunzione – Satzzeichen

.	*il punto*	!	*il punto esclamativo*
,	*la virgola*	( )	*la parentesi*
;	*il punto e virgola*	...	*i puntini*
:	*i due punti*	-	*la lineetta*
?	*il punto interrogativo*	" "	*le virgolette*

Regole per l'uso della virgola – Zum Gebrauch des Kommas

1. Vor *che* – "daß" und vor *se* – "wenn" wird kein Komma gesetzt:
   Dissi che avevo trovato un impiego. Non devi venire se non vuoi.

2. a) Wenn ein Relativsatz das Bezugswort spezifiziert, so steht kein Komma:
   La camera che avevo in subaffito era molto brutta (welches Zimmer?).
   Ecco la città dove sono nato (was für eine Stadt?).
   b) Hat der Relativsatz keine spezifizierende, sondern nur eine erläuternde, ergänzende Funktion, so steht er zwischen Kommata:
   L'affitto per la camera, che non era molto bella, era troppo alto. – *La nonna, che veniva ogni tanto, gli faceva dei rimproveri.*

ESERCIZI

1. Mettete al passato prossimo il primo paragrafo di questa lezione.

2. Mettete al passato (passato remoto, se possibile) il primo e il terzo paragrafo della lezione 6.

3. Mettete al passato remoto e al passato prossimo.
   Esempio: *La primavera s'avvicina* → *La primavera s'avvicinò. La primavera si è avvicinata.*

Corro in fretta allo sportello. I ragazzi non riescono a difendersi dal freddo. Non mi manca nulla. Mangiano tutti con buon appetito. Hai una grande paura. Chi mi dà questo consiglio? Vasco Pratolini nasce a Firenze, dopo la guerra vive e lavora dapprima a Napoli; scrive alcuni romanzi e vince il Premio Viareggio nel 1955. Chi lo dice? Siamo gli unici passeggeri di questo treno. Il concerto non mi piace. Gli abitanti di questo paese fanno costruire una bellissima chiesa barocca. Metto i quaderni nella borsa. L'attore sta in piedi per mezz'ora. Nella guerra perdiamo la nostra casa.

*4. Mettete al passato prossimo.
Esempio: *Inventai un indirizzo qualsiasi.* → *Ho inventato un indirizzo qualsiasi.*

Vasco Pratolini nacque a Firenze. – Vi passò i suoi primi anni. – Prima della guerra scrisse per una rivista letteraria. – A Firenze conobbe Elio Vittorini. – I suoi libri non piacquero al governo fascista. – Pratolini partecipò alla Resistenza. – Dopo la guerra visse e lavorò a Napoli. – Nel '47 pubblicò un romanzo importante. – Nel '66 uscì la terza parte di una trilogia. – Pratolini vinse un premio letterario.

5a. Mettete il verbo nella forma corretta. Dovete decidere fra imperfetto e passato prossimo.
Esempio: *Mangi con noi? No, grazie, (io, mangiare) già a casa.* → *... ho già mangiato a casa.*

Prendi una sigaretta? No, grazie, oggi (io, fumare) già troppo. – (Arrivare) tuo fratello; vai a dirgli buon giorno. – (Io, stare) per uscire, quando (suonare) il telefono. – Puoi ripetere quello che (tu, dire)? Non ti (io, capire). – (Io, mangiare) troppo e per questo mi sento male. – (Essere) un periodo molto felice, ma poi (venire) la guerra. – Mia sorella mi (scrivere) che vuole venire domani. – Il ministro (promettere) di far costruire la strada di cui abbiamo bisogno. – La nonna (venire) spesso per aiutarmi, ma alla fine le (io, dire) che non lo (volere). – (Io, dare) alla nonna un altro indirizzo, perchè non mi (piacere) le sue visite. – La nonna mi (dire) che a quell'indirizzo non mi (conoscere) nessuno. – Alla fine (io, vedere) che non si (potere) più continuare e così le (io, dire) di non venire più.

5b. In quali frasi è possibile il passato remoto invece del passato prossimo?

6. Rispondete nel modo indicato.
Esempio: *Con quale aereo sei venuto da Parigi?*
→ *Ecco l'aereo con cui sono venuto da Parigi.*

In quale aula avrà luogo la conferenza? – Per quale ragione l'Inter non ha vinto? – Con quale aereo vai in Germania? – Da quale medico sei stato? – In quale città sei nato? – In quale casa vive Maria? – A quale professore devo chiedere una firma? – Con quale ragazza hai passato la sera?

*7. Formate delle domande nel modo indicato.
Esempi: *Questo treno va a Milano.* → *Dov'è il treno che va a Milano?*
Michele è venuto con questa macchina. → *Dov'è la macchina con cui è venuto Michele.*
Quest'autobus va in centro. – Michele è venuto con quest'aereo. – Questo ragazzo mi ha aiutata. – In questa casa vive Maria. – Vorrei sposare questo ragazzo. – Abbiamo parlato di questa ragazza. – Questo vestito è piaciuto a Maria. – Maria ha comprato questo vestito. – Maria ha comprato in questo negozio.

8. Traducete. a) Der Herr, dessen Stimme ihr im (a) Radio hören werdet, ist 52 Jahre alt. Der Professor, den ich um ein Stipendium gebeten hatte, hat meine Bitte abgelehnt. Leider habe ich vergessen, den Brief einzuwerfen, den ihr mir gegeben hattet. Wer ist der Herr gewesen, der mir so viel geholfen hat? Ich habe die Freundin meines Sohnes, die vor 3 Wochen nach Deutschland abgereist ist, nicht mehr gesehen. Ich würde gern meiner Schwägerin helfen, deren Sohn nicht mehr vom Krieg zurückgekommen ist. Das ist der Palast, in dem Leopardi viele Jahre lebte. Ich stelle dir Frau M. vor, die ich vergangenen Herbst in Florenz kennengelernt habe. Leute, denen noch jede Erfahrung fehlt, sollten dieses Examen nicht versuchen.

b) Wer zu lange (= zu sehr) wartet, wird nichts mehr finden. Wer nicht in Rom gewesen ist, kennt Italien noch nicht. Wer an diese Terminologie nicht gewöhnt ist, kann diesen Vortrag nicht verstehen. Wer arbeitet, soll auch essen. Es kann kommen, wer will. Wer noch am Ausflug teilnehmen will, muß sich beeilen.

*9. Riunite le frasi seguenti. Usate l'infinito e i pronomi personali.
Esempio: *Ho detto alla nonna: "Sono tornato al lavoro".*
→ *Le ho detto di essere tornato al lavoro.*
Ho assicurato al professore: "Non ho copiato il lavoro". – Ho telefonato a mia sorella: „Sono stato malato". – Mia sorella mi ha risposto: "L'ho già saputo". – Ho detto alla nonna: "Ho trovato un impiego". – Ho scritto ai genitori: "Ho preso la laurea". – Ho detto a Maria: "Non ho avuto tempo".

*10. Riunite le frasi seguenti. Usate l'infinito e i pronomi personali.
Esempio: *Ho detto alla nonna: "Resta a casa!"*
→ *Le ho detto di restare a casa.*
Lo studente chiede al professore: "Spieghi questa parola!" – Ho pregato Maria: "Vieni con me!" – Ho detto alla cameriera: "Pulisca la camera!" – Il giovane dice alla nonna: "Non venire più!" – Ho pregato il signor Agostini: "Resti ancora un po'!" – I genitori scrivono a Carlo e Michele: "Non lavorate troppo!" – Maria mi ha telefonato: "Abbi pazienza!"

AI GRANDI MAGAZZINI

Bruno: Senti, Luisa, non volevi comprare una macchinetta da caffè? Ecco la Standa, forse il migliore dei grandi magazzini della città. Entriamo?

Luisa: Va bene. Io preferisco comprare in questi grandi magazzini. In un unico negozio puoi trovare tutto ciò che ti occorre, proprio come al mercato. Ma al mercato, nella maggior parte dei casi, bisogna contrattare. Io, se dovessi contrattare sul prezzo, ci rimetterei sempre. Sai che non ne sono capace e così, per non spendere troppi soldi, mi conviene comprare dove ci sono i prezzi fissi.

B.　(si rivolge cortesemente a una commessa): Mi scusi, signorina, dove posso trovare una macchinetta da caffè?

Commessa: Al secondo piano, reparto elettrodomestici.

B.　Prendiamo la scala mobile, così facciamo più presto.

Commesso: I signori desiderano?

B.　Vorremmo una macchinetta da caffè.

C.　Una macchinetta elettrica o da mettere sul fuoco?

L.　Pensavo a una macchinetta elettrica.

C.　Allora dovrebbe rivolgersi alla mia collega qui accanto.

B.　Possiamo vedere alcune macchinette da caffè?

Commessa: Senz'altro, signore. Qua abbiamo un'offerta speciale a un prezzo estremamente ridotto: 14900 Lire. Questa macchinetta non la troverà altrove ad un prezzo così basso.

B.　Ma quando la macchinetta sarà guasta, potrò avere dei pezzi di ricambio?

C.　Se fosse un prodotto di marca, sì; ma con questo prezzo non si può pretendere troppo. I prodotti di marca sono migliori; ne abbiamo due tipi. L'una costa 23000 Lire, quell'altra costa un po' di più: 25900.

B.　E che differenza c'è?

C.　Sono tutt'e due press'a poco della stessa qualità. Ma la prima, che costa meno, funziona solo a 110 V. La seconda va bene anche per 220 V; bisogna soltanto premere questo bottone.

B.　Allora è meglio prendere la seconda, perché a casa abbiamo la corrente da 220 V.

(Dopo aver comprato la macchinetta Bruno e Luisa sono ridiscesi al pianterreno)

L. Oh, Bruno, guarda un po' quei fazzoletti di seta! Sono proprio una mera-
viglia. Me ne regali uno? Ti ricordi che mi hai promesso un regalo,
perchè ti ho aiutato a preparare gli esami?
B. Sono belli davvero. Quale ti piace di più?
L. Quello marrone mi sembra il più carino, più bello ancora di quello verde
chiaro. Andrebbe bene anche quello viola se il colore fosse un po' più
scuro. Che ne dici tu?
B. Non saprei. In queste cose tu sei più competente di me.
L. Per favore, mi dia quel fazzoletto marrone di seta da 14800 Lire.
B. (all'uscita) Avevi ragione tu, come al solito: ai grandi magazzini si compra molto meglio che al mercato. Chi sa quanto avremmo speso se
avessimo comprato la macchinetta altrove. Così abbiamo risparmiato
almeno 3000 Lire.
L. Meno male; così abbiamo potuto spenderle per il fazzoletto.

I colori – Farben

bianco	– weiß	rọsa (inv.)	– rosa
nero	– schwarz	arancione (inv.)	– orange
grịgio	– grau	verde	– grün
blu	– blau[1]	giallo	– gelb
azzurro	– blau[1]	vịola (inv.)	– lila, violett
turchino	– blau[1]	chiaro	– hell
celẹste	– (hell-)blau[1]	scuro	– dunkel
marrone (inv.)	– braun	verde chiaro	– hellgrün
rosso	– rot	rosso scuro	– dunkelrot

GRAMMATICA

Nomi femminili di persona – Weibliche Personenbezeichnungen

Die weiblichen Entsprechungen zu männlichen Personenbezeichnungen können
auf verschiedene Arten gebildet werden:

---

1 Allgemeinste Bezeichnung für 'blau' ist *blu*, das speziell auch für dunklere Farbnuancen
verwendet wird.

1. anderes Wort

uomo	→	*donna*
padre	→	*madre*
fratello	→	*sorella*
genero	→	*nuora*

2. Suffix

a) -o
   -e } → -a

Francesco	→	*Francesca*
figlio	→	*figlia*
zio	→	*zia*
signore	→	*signora*
padrone	→	*padrona*

b) -e → -essa

professore	→	*professoressa*
studente	→	*studentessa*
dottore	→	*dottoressa*

c) -tore → -trice

attore	→	*attrice*
scrittore	→	*scrittrice*
venditore	→	*venditrice*
pittore	→	*pittrice*

3. Differenzierung durch den Artikel

a) -e = -e   *il, la nipote*
               il, la parente

b) -a = -a[1]   *il, la collega (i colleghi, le colleghe)*
               l'artista (gli artisti, le artiste)
               il, la musicista

L'avverbio – Adverb

a) Von Adjektiven abgeleitete Adverbien:

Fem. + -*mente:* | *estrema**mente**, cortese**mente***

---

1   Vereinzelt ist der Fall von *il poeta – la poetessa.*

Auslautendes -e des Adjektivs fällt hierbei aus nach *l, r:*

$$\boxed{\textit{difficil}\textbf{mente, } \textit{regolar}\textbf{mente}}$$

b) Manche Adjektiva können auch adverbial verwendet werden:
la casa è molto (troppo, tanto) grande; parlare forte, piano.

c) Zahlreiche deutsche Adverbien der Art und Weise können durch Präposition + Adjektiv oder Substantiv wiedergegeben werden: *di nuovo* – wieder, von neuem, *di solito* – gewöhnlich, *con pazienza* – geduldig, *in fretta* – eilig, *in modo* ... – auf ... Weise, z. B. *in modo particolare* – besonders.

d) Eigene Adverbformen:

$$\boxed{\begin{array}{l} \textit{buono} \rightarrow \textit{bene} \\ \textit{cattivo} \rightarrow \textit{male} \end{array}}$$

e) Ohne entsprechendes Adjektiv sind zahlreiche Adverbien der Zeit, des Ortes, der Menge, der Bejahung und Verneinung etc., z. B.: *adesso, ieri, subito, già, mai, qui, là, accanto, di fronte, quasi, più, meno, sì, no, non, né* ... *né, forse, così,* ecc.

Comparativo e superlativo (aggettivo e avverbio) – Komparativ und Superlativ)

a) Comparativo

Der Komparativ wird mittels des Adverbs *più* (bzw. *meno*) ausgedrückt:

Questo fazzoletto è **più (meno)** *bello.* – ... ist schöner (weniger schön).
Bisogna parlare **più** *forte.* – Man muß lauter sprechen.

Das zweite Vergleichsglied wird mit *di* oder *che* (dt.: als) eingeführt: *di* steht vor Substantiven und Pronomina, die in Bezug auf die gleiche Eigenschaft verglichen werden. Es steht ferner vor Zahlen als Vergleichsgliedern:

Eugenio è **più** *intelligente* **di** *Michele.* – E. ist gescheiter als M. – *Questo fazzoletto è* **più** *bello* **di** *quell'altro.* – *Io sono* **meno** *competente* **di** *te.* – **Più di** *6000 studenti* ...

che steht in den übrigen Fällen:

Qua si compra **meglio che** *in un piccolo negozio.* – *Oggi il signor A. è* **meno** *cortese* **che** *ieri.* – *Oggi il signor A. parla* **meno** *cortesemente* **che** *ieri.* – *Questa ragazza è* **più** *bella* **che** *intelligente.* – Meglio tardi **che** mai.

b) Superlativo

    aa) Der relative Superlativ[1] wird ebenfalls mit Hilfe des Adverbs *più* (bzw. *meno*), jedoch in Verbindung mit dem bestimmten Artikel ausgedrückt:
    Questo fazzoletto mi sembra **il più carino** – Dieses Tuch scheint mir das hübscheste. – *Mio padre è padrone* **dei magazzini più grandi** *della città* – *Questo è* **il ragazzo meno intelligente** *della classe.*

    bb) Der absolute Superlativ[2] wird mit Hilfe des Adverbs *molto* (oder *assai*) oder durch Anfügen von *-issimo* (bei Adverbien – selten – *-issimamente*) gebildet.
    Vendiamo a prezzi **molto (assai) bassi,** *a prezzi* **bassissimi.** *Ha parlato* **molto cortesemente.**

c) Unregelmäßige Steigerungsformen

Adjektive	Komparativ	absol. Superlativ
buono	*migliore*	*ǫttimo*
cattivo	*peggiore*	*pęssimo*
grande	*maggiore*[3]	*mạssimo*[3]
piccolo	*minore*[3]	*mịnimo*[3]

---

1 Der relative Superlativ bezeichnet den Extremfall im Vergleich mit den übrigen Elementen derselben Klasse. Beispiel: der beste Torwart der Bundesliga.
2 Der absolute Superlativ gibt an, daß eine Eigenschaft in besonders hohem Maß vorhanden ist, ohne daß ein Vergleich zu anderen Elementen derselben Klasse ausdrücklich formuliert wird. Beispiel: ein sehr guter Torwart.
3 Diese Steigerungsformen meist nicht in der rein räumlichen Bedeutung: *con la massima pazienza, di maggiore interesse, un minimo di buona volontà;* dagegen: *Roma è più grande di Napoli.*

Adverbien	Komparativ	absol. Superlativ
bene	*meglio*	*benissimo*
male	*peggio*	*malissimo*
molto	*piú*	*moltissimo*
poco	*meno*	*minimamente*[1]

Modi di dire con alcuni avverbi

lavorare, costare, risparmiare **di più** – mehr arbeiten, kosten, sparen

sto bene, benissimo	– es geht mir gut, sehr gut
sto male, malissimo	– es geht mir schlecht, sehr schlecht
sto così così	– es geht mir so so, leidlich
meno male	– umso besser
meno male che	– nur gut, daß
parlare del più e del meno	– über dies und jenes sprechen
fare a meno di	– entbehren können, ohne … auskommen
faremo del nostro meglio	– wir werden unser Bestes tun
è meglio (partire)	– es ist besser (abzufahren)

Congiuntivo Imperfetto[2] – Konjunktiv Imperfekt

			Ebenso:	
trov- **assi**	*trov-* **assimo**		*ved-*	*essi*
trov- **assi**	*trov-* **aste**		*sent-*	*issi*
trov- **asse**	*trov-* **assero**		*fin-*	*issi*
			av-	*essi*

essere

fossi	*fossimo*
fossi	*foste*
fosse	*fossero*

stare

stessi	*stessimo*
stessi	*steste*
stesse	*stessero*

dare

dessi	*dessimo*
dessi	*deste*
desse	*dessero*

---

1   *non … minimamente* – keinesfalls, überhaupt nicht.
2   Bildung vom "vollständigen" Infinitivstamm: *se facessi, bevessi, dicessi, sapessi* ecc. – Bei gleichlautenden Formen tritt häufig das Subjektivpronomen hinzu.

Congiuntivo trapassato – Konjunktiv Plusquamperfekt

se avessi trovato	–	wenn ich gefunden hätte
se fossi stato	–	wenn ich gewesen wäre

Der Konj. Imperfekt (bzw. Plusquamperfekt) wird im Konditionalsatz einer Irrealiskonstruktion verwendet[1].
Se dovessi trattare sul prezzo, ci rimetterei sempre. – *Quanto avremmo speso se avessimo comprato altrove.*

quello

Ci sono due fazzoletti: **quello marrone** *mi piace,* **quello verde** *invece no.* – ...
das braune gefällt mir, das grüne jedoch nicht. *Questa gita è più interessante di* **quella di ieri** (... der gestrige).

stesso

a) derselbe, der gleiche:
   Le due macchinette sono della stessa qualità.

b) selbst:
   È venuta la padrona stessa (die Hausfrau selbst). – *Ci vado io stesso* (ich selbst)

In der Bedeutung "derselbe" steht *stesso* vor dem dazugehörigen Subst., in der Bedeutung "selbst" steht es meist nach.

---

1 Weitere Verwendungen s. L. 16

ESERCIZI

1. Questo	macchina	essere	elegante	quell'altro
	programma		interessante	il mio
	libri		buono	quello di mio zio
	gita		cattivo	
	appartamento		ben arredato	
	io	essere	stanco	tu
	lei		povero	lui
	noi		vecchio	voi
			giovane	

Esempi:
a) *Questa macchina è più (meno) elegante di quell'altra.*
b) *Questa macchina è (così) elegante come quell'altra.*
c) *Questa macchina è la più elegante (di tutte).*
d) *Questa è la macchina più elegante.*

*2. Rispondete nel modo indicato.
   Esempi: *Chi è più grande, Paolo o Giovanni?* → *Paolo è più grande di Giovanni.*
   Quale vino è più dolce, questo o quello? → *Questo vino è più dolce di quello.*

Chi è più forte, Carlo o Michele? – Che cosa è più pesante, la valigia o la borsa? – Chi è più bravo, Michele o suo fratello? – Quale città è più grande, Firenze o Perugia? – Chi è più giovane, tua madre o tuo padre? – Che cosa è migliore, il libro o il film? – Che cosa è più interessante, il cinema o la televisione? – Che cosa è più vecchio, questo palazzo o quella chiesa? – Quale macchina è migliore, questa o la nostra?

3. Questo	macchina	funzionare	bene	quell'altro
	professore	parlare	male	il mio
	collega	lavorare		io stesso

Esempi:
a) *Questa macchina funziona meglio di quell'altra.*
b) *Questa macchina funziona (così) bene come quell'altra.*
c) *Questa è la macchina che funziona meglio.*

*4. Rispondete nel modo indicato.
Esempi: *Chi lavora meglio, Paolo o Giovanni?* → *Paolo lavora meglio di Giovanni.*
Quale macchina funziona meglio, questa o quella? – Chi spende meno, Bruno o Luisa? – Chi parla meglio, il professore o il medico? – Chi sta peggio, Bruno o suo fratello? – Chi parla più forte, Bruno o sua sorella? – Chi lavora di più, Bruno o il suo collega?

5.

Tua madre	sembrare	giovane	due anni fa
Il vostro gardino		bello	l'anno passato
I tuoi fratelli		grande	4 settimane fa
Questa città			

Esempio:
Tua madre sembra più giovane che due anni fa.

6.

Qua	studiare	bene	nella camera accanto
Da noi	lavorare	male	a casa
	discutere	molto	in Italia
	cantare (singen)	poco	

Esempio:
Qua si studia meglio che nella camera accanto.

7. Date una risposta negativa.
Esempi: *In Germania le vacanze sono più lunghe che in Italia?* → *No, in Germania le vacanze sono meno lunghe che in Italia.*
Oggi fa meno freddo che ieri? → *No, oggi fa più freddo che ieri.*
Quest'anno i prezzi sono meno alti che l'anno scorso? – In Sicilia fa più freddo che nelle Alpi? – Oggi Roma è più bella che due anni fa? – D'inverno in Italia ci sono più turisti che d'estate? – Adesso fa meno caldo che un'ora fa? – In questo negozio la gente è più cortese che in quell'altro? – Per il vino si paga più che per la birra? – Qui si spende meno che altrove? – Si fa più presto in macchina che a piedi? – Ci sono più studenti a Perugia che a Roma?

*8. Trasformate le frasi seguenti (state attenti alla negazione!).
Esempio: *Ti sciverei, ma non ho tempo* → *Ti scriverei se avessi tempo.*
Giovanni comprerebbe un orologio d'oro, ma è troppo caro. Vorrei leggere questo romanzo, ma è così lungo. Saremmo venuti a trovarti, ma non abbiamo avuto tempo. Giovanni vorrebbe andare in aereo, ma non ha i soldi. Sarei stato perduto, ma tu mi hai aiutato. Bruno sarebbe perduto, ma i suoi colleghi l'aiutano. Ti aiuterei volentieri, ma non so la tua storia. Riusciresti meglio, ma tu non vuoi ascoltare i miei consigli. Avreste passato l'esame, ma non avete seguito il mio consiglio. Luisa avrebbe comprato il fazzoletto blu, ma non andava bene con il suo vestito.

9. Trasformate e usate dei nomi femminili. – Verwandeln Sie unter Verwendung weiblicher Personenbezeichnungen.
Esempio: *Mio padre è dottore* → *Anche mia madre è dottoressa.*
Mio figlio è commesso. Mio fratello è pittore. Il mio amico è musicista. Il mio collega è giovane. Questo signore è dentista. Questo ragazzo è studente. Mio cugino è attore.

10. Traducete. – Lieber Mario – Du fragst mich, wie ich mich in Perugia fühle. Es geht mir sehr gut. Hier in Perugia befinden sich mehr als 6000 Studenten; der größte Teil kommt aus den Ländern Europas, aber einige sind auch aus Amerika und Afrika gekommen. Und der Italienisch-Kurs? Ich bin damit ziemlich zufrieden; die Methode (*il metodo*) scheint mir besser als die unseres Professors in Deutschland; jetzt, nach kaum einer Woche, spreche ich schon viel besser als vorher. Ich könnte noch mehr lernen, wenn ich wollte, aber es ist besser, nicht zu übertreiben. Da ist auch die Stadt selbst, die ich kennenlernen möchte. Am Abend gehe ich gern (*mi piace...*) in eines der Konzerte; danach gibt es häufig sehr lange Unterhaltungen mit anderen Studenten, unter denen sich auch einige sehr hübsche Mädchen befinden. Man lernt auch so, denn wir sprechen immer Italienisch. Welche andere Sprache hätten wir sprechen sollen? Auf diese Weise schlafe ich sehr wenig: ich gehe sehr spät ins Bett, später als bei uns zuhause. Und am Morgen beginnt der Kurs um 9 Uhr. – Ich hoffe, bald einen Brief von dir zu bekommen (= haben) und grüße dich sehr herzlich, Dein

Eugen.

P.S. Hier meine Anschrift:
Sig.
Eugen Müller
via Roma, 16 (presso Buonincontro)
I-06100 Perugia
Ich hätte auch im Hotel wohnen können, aber ich wohne lieber bei einer Familie.

PINOCCHIO

(Geppetto, un vecchietto dalla parrucca gialla, sta fabbricando un burattino da un pezzo di legno).
– Che nome gli metterò? – disse fra sé e sé. – Lo voglio chiamar Pinocchio. Questo nome gli porterà fortuna. Ho conosciuto una famiglia intera di Pinocchi: Pinocchio il padre, Pinocchia la madre e Pinocchi i ragazzi, e tutti se la passavano bene. Il più ricco di loro chiedeva l'elemosina. –
Quando ebbe trovato il nome al suo burattino, allora cominciò a lavorare a buono, e gli fece subito i capelli, poi la fronte, poi gli occhi. Fatti gli occhi, figuratevi la sua maraviglia quando si accorse che gli occhi si muovevano e che lo guardavano fisso fisso. Geppetto vedendosi guardare da quei due occhi di legno, se n'ebbe quasi per male, e disse con accento risentito: Occhiacci di legno, perchè mi guardate? – Nessuno rispose.
Allora, dopo gli occhi, gli fece il naso; ma il naso, appena fatto, cominciò a crescere: e cresci, cresci, cresci diventò in pochi minuti un nasone che non finiva mai.
Il povero Geppetto si affaticava a ritagliarlo; ma più lo ritagliava e lo scorciva, e più quel naso impertinente diventava lungo.
Dopo il naso, gli fece la bocca. La bocca non era ancora finita di fare, che cominciò subito a ridere e a canzonarlo.
– Smetti di ridere! – disse Geppetto impermalito; ma fu come dire al muro.
– Smetti di ridere, ti ripeto! – urlò con voce minacciosa.
Allora la bocca smesse di ridere, ma cacciò fuori tutta la lingua. Geppetto, per non guastare i fatti suoi, finse di non avvedersene, e continuò a lavorare. Dopo la bocca, gli fece il mento, poi il collo, le spalle, lo stomaco, le braccia e le mani. Appena finite le mani, Geppetto sentì portarsi via la parrucca dal capo. Si voltò in su, e che cosa vide? Vide la sua parrucca gialla in mano del burattino.
– Pinocchio! ... rendimi subito la mia parrucca! – E Pinocchio, invece di rendergli la parrucca se la mise in capo per sé, rimanendovi sotto mezzo affogato.

(Carlo Collodi, Le avventure di Pinocchio)

Le principali parti del corpo – Körperteile

la testa	– Kopf	il labbro	– Lippe
i capelli	– (Kopf-) Haare	(le labbra)	
l'orecchio	– Ohr	il mento	– Kinn
la fronte	– Stirn	la lingua	– Zunge
l'occhio	– Auge	il collo	– Hals

il naso	–	Nase	il petto	–	Brust
la guancia	–	Wange	il seno	–	Busen
la bocca	–	Mund	il cuore	–	Herz
il dente	–	Zahn	i polmoni	–	Lunge
il braccio	–	Arm	lo stomaco	–	Magen
(le braccia)			la gamba	–	Bein
la mano	–	Hand	il piede	–	Fuß
(le mani)			il ginocchio	–	Knie
il dito	–	Finger	(le ginocchia)		
(le dita)			il sangue	–	Blut
il gomito	–	Ellbogen	la pelle	–	Haut

la pancia ⎫
il ventre ⎭ – Bauch

GRAMMATICA

Il gerundio – Gerund

Formen[1]:   trov- **ando**   (Vorzeitigkeit):   *avendo trovato*
(Gleichzeitigkeit) perd- **endo**   *essendo stato malato*
                 sent- **endo**
                 fin- **endo**
                 ess- **endo**
                 av- **endo**

Das Gerund kann Nebensätze ersetzen, deren Subjekt – meist – mit dem des Hauptsatzes identisch ist. Es dient zur Bezeichnung der Gleichzeitigkeit (Vorzeitigkeit) zu einer Haupthandlung. Diese Gleichzeitigkeit (Vorzeitigkeit) kann rein temporal gesehen werden; es kann aber auch eine kausale, kondizionale oder auch konzessive Nuance vorliegen. Dementsprechend kommen für die dt. Wiedergabe u.a. in Frage:

Temporalsätze (als, während, indem etc.):
Guardando dalla finestra, vide un paio di ragazzi. – Als er aus dem Fenster sah...

---

1 Bildung vom "vollen" Infinitivstamm, also z. B. *facendo, bevendo, dicendo, volendo* ecc.

Konditionalsätze (wenn):
Continuando così non finirai mai. – Wenn du so weitermachst...

Kausalsätze (da, weil):
Avendo dormito poco mi sento molto stanco. – Da ich wenig geschlafen habe...

Konzessivsätze (obwohl, wenn auch)[1]:
Pur avendo dormito 8 ore mi sento molto stanco. – Obwohl ich acht Stunden geschlafen habe...

Zwei Hauptsätze:
Geppetto, fingendo di non accorgersene, continuò a lavorare. – G. tat so, als merke er nichts und arbeitete weiter.

Partizip:
... *disse ridendo* – er sagte lachend

Nominale Ausdrucksweisen:
sentendo questa musica... – beim Hören dieser Musik...

Merke:
stare + Gerund – dabei sein etwa zu tun[2]:
sto leggendo – ich lese gerade (I am reading)
andare + Gerund – ständig etwas tun:
Maria va raccontando cose incredibili – Maria erzählt ständig unglaubliche Dinge.

Participio assoluto – Partizipialkonstruktion

Gelegentlich kann auch das Subjekt des Gerunds von demjenigen des Hauptverbums verschieden sein: *Essendo fatti gli occhi, si accorse che...* – Als die Augen gemacht waren, bemerkte er... *Essendo* kann hier auch wegfallen; so entsteht eine absolute Partizipialkonstruktion: *Fatti gli occhi, figuratevi la sua maraviglia quando si accorse... Appena finite le mani, G. sentì portarsi via la parrucca.*

---

1 Hierbei wird meist *pur* vor dem Gerund eingefügt.
2 Unterscheide hiervon: *stare per* + Inf. – im Begriff sein, etwas zu tun: *stavo per uscire* – ich war gerade beim Fortgehen, ich wollte gerade fortgehen (vgl. L 10).

Alcuni usi di 'passare'

Passavo di lì	– Ich ging dort vorbei
in via Roma	– durch die via Roma
davanti a casa tua	– an deinem Haus vorbei
L'autobus passa per le strade	– Der Bus fährt durch die Straßen des
del centro, dalla stazione. –	Zentrums, über den Bahnhof.
Non c'è posto per passare.	– Es ist kein Platz um vorbei-, durch- zukommen
Questa è una strada dove non	– . . . wo nie jemand vorbeikommt.
passa mai nessuno.	
Che idea ti passa per la testa?	– Was kommt dir in den Sinn?
Un libro passato per molte mani	– Ein Buch, das durch viele Hände
	– gegangen ist.
La notizia passò di bocca in	– Die Nachricht ging von Mund zu
bocca.	Mund.
Posso passare da Lei?	– Kann ich bei Ihnen vorbeikommen?
Come passa il tempo!	– Wie die Zeit vergeht!
L'inverno è passato.	– Der Winter ist vorbei.
Passa per un uomo molto ricco.	– Er gilt als sehr reicher Mann.
Abbiamo passato le Alpi in 4 ore.	– . . . überquert
Ha già passato i 30 (anni).	– Er ist schon über 30.
Passerò il pomeriggio leggendo.	– Ich werde den Nachmittag mit Le- sen verbringen.
il passatempo	– Zeitvertreib
Mi passi il giornale, per favore.	– Geben Sie mir, bitte, die Zeitung herüber.
lunedì passato	– (am) vergangenen Montag
il passato	– Vergangenheit
passare un esame	– ein Examen bestehen
passarsela bene	– sein anständiges Auskommen haben

Nomi alterati – Nomina mit variierenden Suffixen

Eine Besonderheit des Italienischen sind die zahlreichen Suffixe, die vor allem eine Vergrößerung oder Verkleinerung zum Ausdruck bringen oder dem Subst. (oder Adj. bzw. Adverb) einen pejorativen oder verniedlichenden Sinn geben.
   Hiervon sind die wichtigsten:

Vergrößerung:	**-one, -ona**
	naso → *nasone; porta* → *portone; viola* → *violone; minestra* → *minestrone; donna* → *il donnone; bene* → *(sto) benone*

Verkleinerung:	**-ino, -ina**
	ragazzo → *ragazzino; fratello* → *fratellino; cucchiaio* → *cucchiaino, viola* → *violino; caro* → *carino; bene* → *benino*

-etto, -etta (z. T. auch zärtlich)
vecchio → *il vecchietto; giovane* → *il giovanetto; povero* → *poveretto; donna* → *donnetta*

-ello, -ella
storia → *storiella; vino* → *vinello; violone* → *violoncello*

-uccio, -uccia (zärtlich, manchmal auch etwas geringschätzig)
bocca → *boccuccia; casa* → *casuccia*

Pejorativ:	**-accio, -accia**
	occhi → *occhiacci; ragazzo* → *ragazzaccio; parola* → *parolaccia*.

Im Italienischen werden diese und zahlreiche andere Suffixe sehr häufig verwendet. Jedoch kann nicht jedes beliebige Suffix an jedes beliebige Subst. (oder Adj. bzw. Adverb) treten; man sollte deshalb nur solche Bildungen verwenden, die man schon gehört hat. – Häufig liegt die Bedeutungsabweichung des durch Suffixableitung neu entstandenen Wortes vom Grundwort nicht nur in einer Nuance; es kann andere Dinge bezeichnen:

portone	– Haustor	*vinello*	– Treberwein
minestrone	– dicke Gemüsesuppe	*parolaccia*	– Schimpfwort
cucchiaino	– Teelöffel	*violino*	– Violine
carino	– nett, hübsch	*violone*	– Kontrabaß
		violoncello	– Cello

Wiederholtes Adjektiv bzw. Adverb hat die Funktion eines superlativo assoluto:

Lo guardavano fisso fisso   – Sie schauten ihn ganz fest an
una notte scura scura   – eine stockfinstere Nacht
i capelli lunghi lunghi   – sehr lange Haare
Ähnlich: *Mettilo nella valigia, ma sopra sopra!* – Lege es in den Koffer, aber
                                            ganz obenauf.

Wiederholtes Verbum (Imp. 2. Pers. Sg.):

Cresci, cresci, cresci diventò in pochi minuti un nasone... (durch das ständige Wachsen ...) ... wuchs so lange bis ...
Aspetta, aspetta, vide che non veniva nessuno – Er wartete so lange, bis er sah, daß niemand kam.

più (meno) – più (meno) – je mehr (weniger) – desto

Più lo ritagliava... (e) più quel naso diventava lungo.
Più studio (e) più dimentico.
Più sono stanco (e) meno riesco a parlare italiano.

ESERCIZI

1. Coniugate in tutti i tempi: saper trattare, dovere, andar via, non poterlo, volere, fare un viaggio, dire la verità.

*2. Riunite le frasi seguenti nel modo indicato. State attenti alle negazioni.
Esempi: *Luisa non esce. Fa così caldo.* → *Luisa uscirebbe se non facesse così caldo.*
          Bruno restava a casa. Non si sentiva bene. → *Bruno non sarebbe restato a casa se si fosse sentito bene.*
Non esco. Fa così freddo. – Luisa non usciva. Pioveva. – Non puoi viaggiare. Sei malato. – Non siamo andati alla partita. Non l'abbiamo saputo. – La famiglia non era contenta. La Lazio non aveva vinto. – Non posso andare a piedi. Non ho tempo. – La signora Agostini non mette la pelliccia. Non piace a suo marito. – Non vado a Perugia. Ho tanto da fare. [– Non compriamo questa macchina. Non siamo ricchi. – Abbiamo perduto il treno. Non ti sei alzato di buon'ora.]

*3. Formate delle frasi con il gerundio.

Esempi: *Se guardi dalla finestra, vedi il mare.* → *Guardando dalla finestra vedi il mare.*

Ho dormito poco; così mi sento molto stanco. → *Avendo dormito poco mi sento molto stanco.*

Se continui così,	non riuscirai a nulla.
G. non voleva guastare il burattino	e finse di non veder nulla.
G. si affatica a ritagliare il naso,	ma non riesce a scorciarlo.
Ho letto troppo;	così mi sono guastato gli occhi.
Quando vai in Italia,	dovresti sapere l'italiano.
Il signor G. è molto ricco,	ma non aiuta i poveri.
Mi avvicinavo,	ma non potevo sentir nulla.
Abbiamo sentito quella notizia	e siamo partiti subito.
Cadde per terra	e si fece male al ginocchio.
Mia sorella desidera andare a Roma;	perciò studia l'italiano.
Quando mi sono un po' riposato,	riesco a lavorare meglio.
Il ragazzo non sapeva nuotare;	perciò affogò.
Non sapevo il tuo indirizzo;	così non ho potuto scriverti.
Mi sono accorto che Bruno stava male	e gli ho offerto il mio aiuto.
[Ho visto quella commedia	e mi sono divertito un mondo.
Quando sei arrabbiato,	non ascolti i nostri consigli.]

*4. Trasformate le frasi seguenti usando *se, quando, così, tuttavia* ("dennoch, trotzdem").

Esempi: *Guardando dalla finestra vedi il mare.* → *Se guardi dalla finestra, vedi il mare.*

Pur avendo dormito poco mi sento abbastanza bene. → *Ho dormito poco; tuttavia mi sento abbastanza bene.*

Venendo senza cravatta farai una brutta figura. – Essendo malato non posso venire. – Pur non essendo ricco mi sono comprato una macchina nuova. – Andando all'università prendo raramente l'autobus. – Non essendo abituato alla terminologia ho capito poco. – Pur essendo malato Paolo va al lavoro. – Continuando così Bruno non passerà l'esame. – Andando in macchina non bevo mai alcool. – Non sapendo nuotare non dovete andare in acqua. [– Leggendo troppo mi sono guastato gli occhi. – Leggendo troppo ti guasterai gli occhi.]

5. Rispondete alle domande: Che cosa fai, facevi, fate, facevate? Servitevi delle espressioni che seguono.

Esempi: *Che cosa fai?* → *Sto leggendo il giornale. Che cosa facevate?* →
Stavamo guardando la televisione.

Nello stesso modo: aprire la valigia, leggere il giornale, uscire da casa sua,
telefonare a suo fratello, ascoltare la radio, bere un bicchiere d'acqua, fare
la pulizia, pensare a domani, togliersi le scarpe, guardare la televisione, farsi
la barba.

6. Traducete. – Je mehr du schläfst, desto müder wirst du sein. Je mehr ich
lerne, desto weniger weiß ich. Je mehr ich ihn kennenlernte, desto weniger
verstand ich ihn. Je mehr er sie betrachtete, desto weniger gefiel sie ihm. Je
reicher wir sind, desto mehr sollten wir den Armen helfen. Je mehr er sich
von seiner Stadt entfernte, desto freier fühlte er sich.

7. Fate la descrizione di una persona di vostra conoscenza!

LEZIONE 15

IL TRAFFICO DI UNA GRANDE CITTÀ

Eugenio: È proprio pazzesco il traffico in questa città. Sono venuto con la mia
macchina, ma finora non ho avuto il coraggio di servirmene in città.
Preferisco lasciarla nel garage e prendere i mezzi pubblici. Ieri ho prova-
to, ma c'era da diventare pazzi: andavo a 60 all'ora, ma sono stato sorpas-
sato a destra e a sinistra.

Michele: Hai ragione, noi italiani possiamo sembrare poco disciplinati, siamo
spesso sopraffatti dal nostro temperamento. Ma d'altra parte devi am-
mettere che da noi succedono meno incidenti stradali che in Germania.

E.   Ma tu credi davvero?

M.   Leggi i giornali e vedrai che da noi il numero degli incidenti sembra
minore.

E.   Ma, secondo te, qual è la ragione?

M.   Ma tu sai che noi italiani facciamo tante cose senza chiedere il permesso.
Così non viene rigorosamente rispettato neanche il codice stradale:
andiamo in macchina a velocità eccessiva e attraversiamo la strada con il
semaforo rosso. Ma ognuno sa che gli altri non sono migliori di lui e che

bisogna tener conto delle umane imperfezioni. Così io, vedendo uno che s'avvicina da sinistra, sono sempre pronto a frenare e a lasciargli la precedenza: meglio rinunciare a un diritto che essere coinvolti in un incidente, anche se la colpa non è mia.

E. C'è ancora un'altra cosa che mi fa impazzire: il problema del parcheggio. Bastano 20 minuti per andare al centro, ma poi giri un altro quarto d'ora prima di trovare il posto per parcheggiare. Ieri stavo già per disperarmi; dopo 10 minuti mi è stato finalmente indicato un posto libero da un signore anziano. È stato davvero gentile quel vecchio.

M. Gli hai dato almeno una mancia? Se no, ti avrà preso per un avaro.

E. Ma come, si usa dare una mancia per un aiuto di questo genere?

M. Ce ne sono molti di questi vecchi che cercano di migliorare in questo modo la loro modesta pensione: aiutando gli automobilisti a trovare un parcheggio, sperano di avere una piccola mancia.

E. Mi dispiace, non vorrei essere preso per un avaro. Ma ogni paese ha i suoi costumi, oppure, come dice il proverbio: Paese che vai, usanza che trovi.

Barzellette

Al bar. – Cliente: Un caffè macchiato, per favore.
Barista: Mi dispiace, signore, qua non viene servito il caffè macchiato; in questo bar siamo molto puliti.

Festa del lavoro. – Un automobilista corre senza rispettare il limite di velocità, svolta dove non è permesso e infila sensi proibiti; alla fine viene fermato da un vigile.
– Una bella multa non gliela toglie nessuno. Non si vergogna di andare in giro così?
– E Lei non si vergogna di lavorare il primo maggio?

Proverbi

L'abito non fa il monaco.   Il meglio è nemico del bene.
L'uomo propone e Dio dispone.   Tutto il mondo è paese.
Chi la fa, l'aspetti.   Non è oro tutto quel che luce.
Il lupo cambia il pelo ma non il vizio.   Se non è vero, è ben trovato.

Segnali stradali – Verkehrszeichen

1. Curva pericolosa a destra – 2. Doppia curva pericolosa la prima a sinistra –
3. Incrocio con una strada che non ha diritto di precedenza – 4. Arresto all'incrocio – 5. Senso unico – 6. Strada con diritto di precedenza – 7. Fine di strada
con diritto di precedenza – 8. Dogana – 9. Divieto di sosta – 10. Sosta vietata a
giorni alterni.

Piccolo vocabolario automobilistico

l'autista	Autofahrer	*la marcia indietro*	Rückwärtsgang
la patente	Führerschein	*il motore*	Motor
la benzina	Benzin	*il cofano*	Motorhaube
fare il pieno	volltanken	*il cruscotto*	Armaturenbrett
il pneumatico	Reifen	*accendere le luci*	Scheinwerfer
i freni	Bremsen		einschalten
la marcia	Gang	*la portiera*	Autotür
mettere la seconda	den zweiten Gang	*il parabrezza*	Windschutzscheibe
marcia	einlegen	*il finestrino*	Autofenster

GRAMMATICA

porre – setzen, stellen, legen (ebenso: *proporre, disporre*)

pongo	*poniamo*
poni	*ponete*
pone	*pongono*

Imperfekt:	*ponevo*
Futur:	*porrò*
pass. rem.:	*posi*
Part. Perf.:	*posto*

La forma passiva – Passiv

Die Bildung des Passivs erfolgt mit Hilfe von *essere* und dem Part. Perf., das in Genus und Numerus mit dem dazugehörigen Nomen übereinstimmt. In den einfachen (nicht zusammengesetzten) Zeiten kann *venire* an die Stelle von *essere* treten.

Forma attiva	Forma passiva
Presente:	
io chiamo	*io sono (vengo) chiamato, -a*
Imperfetto:	
io chiamavo	*io ero (venivo) chiamato, -a*
Passato remoto:	
io chiamai	*io fui (venni) chiamato, -a*
Futuro:	
io chiamerò	*io sarò (verrò) chiamato, -a*
Condizionale:	
io chiamerei	*io sarei (verrei) chiamato, -a*
Passato prossimo:	
io ho chiamato	*io sono stato (-a) chiamato, -a*
Trapassato prossimo:	
io avevo chiamato	*io ero stato (-a) chiamato, -a*
Trapassato remoto:	
io ebbi chiamato	*io fui stato (-a) chiamato, -a*
Futuro anteriore:	
io avrò chiamato	*io sarò stato (-a) chiamato, -a*
Condizionale passato:	
io avrei chiamato	*io sarei stato (-a) chiamato, -a*

"von" beim Passiv heißt *da:*
Mi è stato indicato un posto libero **da** *un signore anziano.*

Pronomi

ogni (inv.) – jeder, -e, -es (Adj.)
Ogni automobilista *dovrebbe rispettare il codice stradale.*

ognuno – jeder (Subst.)
Ognuno *dovrebbe rispettarlo*[1].

---

1   *ciascuno* – "jeder (einzelne)" in der Funktion von *ognuno* und *ogni*. Veränderung der Form wie beim unbestimmten Artikel: *ciascun professore, ciascuno studente, ciascuna guerra, ciascun'amica.*

Preposizioni

prima di: vor (zeitlich):
Non posso venire prima delle 5.
prima di un'ora.
prima di aver finito il lavoro.

dopo: nach (zeitlich):
Il mio amico è venuto dopo le 5.
dopo un'ora.
dopo aver finito il lavoro.

(Merke als Adverbia: *prima* – vorher, *dopo* – nachher)

durante: während[1]:
Durante la guerra sono vissuto a Venezia.

fra, tra[2]:

1. zwischen:
   La città di Modena è situata fra Parma e Bologna.
   C'è una grande differenza tra lui e suo fratello.

2. in (nach Ablauf einer bestimmten Zeit):
   Il treno dovrebbe arrivare fra 5 minuti.

3. unter (einer Menge):
   Tra gli invitati c'erano alcuni attori del cinema.

Merke:

Vor Personalpronomina werden einige Präpositionen durch die Präposition *di* ergänzt:

dopo la conferenza, aber: *dopo **di** me.*
Ebenso: *dietro di me, sopra di me, sotto di me, senza di me, verso di me.*

---

1 "während" (Konjunktion) = *mentre.*
   Mentre piangeva, il bambino continuava a mangiare.
2 Kein Bedeutungsunterschied.

ESERCIZI

1. Mettete alla forma passiva.
   Esempio: *Un vigile mi ha fermato* → *Sono stato fermato da un vigile.*
   Ci ha serviti un cameriere molto gentile. Nessuno mi aspetta. I giornali italiani spargono questa notizia. (Lei) Dovrebbe ancora firmare questo modulo. Qualcuno avrà osservato quell'incidente. Non uscire così; ti prenderebbero per un pazzo. Mi aiutò un mio vicino. Nessuno ci vedrà. I tuoi amici ti hanno ingannato.

2. Formate delle frasi alla forma passiva. Servitevi dapprima del presente, poi anche di altri tempi.
   Esempi: *Il modulo è (viene) riempito da loro.*
   La barzelletta è stata raccontata dall'automobilista.

io	raccontare la barzelletta
tu	non rispettare la legge
l'automobilista	cambiare il programma
noi	riempire il modulo
voi	proporre una gita in automobile
loro	offrirgli un bicchiere di vino

*3. Trasformate le frasi nel modo indicato.
   Esempio: *Finirò questo lavoro, poi uscirò.*
   → *Finirò questo lavoro prima di uscire.*
   Ho ascoltato tutto, poi ho risposto. – Geppetto cercò un nome, poi cominciò il lavoro. – Voglio sapere un po' di russo, poi andrò in Russia. – Dovresti riposarti un pochino, poi vieni con noi. – Daremo gli esami, poi andremo al mare.

*4. Trasformate le frasi nel modo indicato.
   Esempio: *Michele ha finito il lavoro, poi è uscito.*
   → *Dopo aver finito questo lavoro Michele è uscito.*
   Eugenio ha aspettato un'ora, poi è andato via. – Paolo si è alzato, poi si è fatto la barba. – L'automobilista si è accorto del pericolo, poi ha frenato. – Ho cercato per dieci minuti, poi ho trovato un parcheggio. – Pensaci bene, poi vedrai che io ho ragione. – L'automobilista ha causato un incidente, poi ha tentato di fuggire.

5. Aggiungete le preposizioni (o avverbi) convenienti.
   Esempio: *... 5 giorni tutto sarà finito* → *Tra 5 giorni tutto sarà finito.*
   ... le nostre vacanze il tempo non è stato bello. ... la guerra bisognava

ricominciare . . . zero. Lui dorme . . . le otto; non ha senso telefonargli . . .
Abbiamo deciso . . . partire . . . 8 giorni, anche . . . il permesso. Ho dormito
. . . tutto il viaggio. Che differenza c'è . . . questa macchina e quell'altra?
Abbiamo bisogno . . . lui; questo lavoro non si può fare . . . lui. Adesso non
ho tempo, perchè devo andare . . . medico; vuoi ripassare . . .? . . . tanta
gente non conoscevo nessuno.

*6. Affermate il contrario usando un'altra preposizione ed eventualmente un
altro verbo.
Esempi: *Carlo ha parcheggiato davanti alla chiesa?*
→ *No, Carlo ha parcheggiato dietro la chiesa.*
Vai alla stazione? → *No, vengo dalla stazione.*
Vieni dalla posta? – Quest'aereo va in Austria? – Il direttissimo parte dopo
il rapido? – Vi sposate prima delle vacanze? – L'autobus si ferma davanti al
Palazzo di Giustizia? – Vai in città con la famiglia? – Il bambino viaggia senza
i genitori? – Il castello è situato sotto la chiesa? – Darai l'esame prima di
me? – Ecco Luisa; sei venuto con lei? – L'ufficio si trova sopra il vostro
appartamento? – Hai parcheggiato dietro il cinema? – Partite per la Svizzera? – Il negozio si trova a destra del ristorante?

7. Trasformate le frasi seguenti adoperando *ogni/ognuno* invece di *tutto*.
Esempi: *Tutti gli automobilisti conoscono il codice stradale.* → *Ogni automobilista conosce il codice stradale.*
Tutti conoscono il codice stradale → *Ognuno conosce il codice
stradale.*
Tutte le camere hanno il riscaldamento centrale. Ci vado tutti gli anni. Tutti
vogliono divertirsi. La primavera piace a tutti. Tutti gli automobilisti devono fare attenzione. Tutti sanno che quest'incontro è importante. Tutti gli
studenti possono partecipare alla gita. Tutti fanno quel che vogliono.

8. Rispondete alle domande seguenti.
Esempi: *Vedi questa macchina?* → *Sì, la vedo.*
Pensi agli esami? → *Sì, ci penso.*
Vai al concerto? Ti servi di questo metodo? Fai questo lavoro? Vieni alla
nostra festa? Vorresti sentire questa canzone? Puoi aiutare i miei amici?
Preferisci le patate? Conosci la Signora Agostini? Penserai alla mia doman-
da? Mi dai l'orologio? Sai qualcosa di Giovanna? Dovresti andare alla
conferenza?

9. Parlate dei problemi del traffico nella vostra città.

LEZIONE 16

I SETTE MESSAGGERI

Partito ad esplorare il regno di mio padre, di giorno in giorno vado allontanandomi dalla città e le notizie che mi giungono si fanno sempre più rare.

Ho cominciato il viaggio poco più che trentenne e più di otto anni sono passati, esattamente otto anni, sei mesi e quindici giorni di ininterrotto cammino. Credevo, alla partenza, che in poche settimane avrei facilmente raggiunto i confini del regno, invece ho continuato ad incontrare sempre nuove genti e paesi; e dovunque uomini che parlavano la mia stessa lingua, che dicevano di essere sudditi miei.

Penso talora che la bussola del mio geografo sia impazzita e che, credendo di procedere sempre verso il meridione, noi in realtà siamo forse andati girando su noi stessi, senza mai aumentare la distanza che ci separa dalla capitale; questo potrebbe spiegare il motivo per cui ancora non siamo giunti all'estrema frontiera.

Ma più sovente mi tormenta il dubbio che questo confine non esista, che il regno si estenda senza limite alcuno e che, per quanto io avanzi, mai potrò arrivare alla fine.

Mi misi in viaggio che avevo già più di trent'anni, troppo tardi forse. Gli amici, i familiari stessi, deridevano il mio progetto come inutile dispendio degli anni migliori della vita. Pochi in realtà dei miei fedeli acconsentirono a partire.

Sebbene spensierato – ben più di quanto sia ora! – mi preoccupai di poter comunicare, durante il viaggio, con i miei cari, e fra i cavalieri della scorta scelsi i sette migliori, che mi servissero da messaggeri.

Per distinguerli facilmente imposi loro nomi con le iniziali alfabeticamente progressive: Alessandro, Bartolomeo, Caio, Domenico, Ettore, Federico, Gregorio.

Non uso alla lontananza dalla mia casa, vi spedii il primo, Alessandro, fin dalla sera del secondo giorno di viaggio, quando avevamo percorso già un'ottantina di leghe. La sera dopo, per assicurarmi la continuità delle comunicazioni, inviai il secondo, poi il terzo, poi il quarto, consecutivamente, fino all'ottava sera di viaggio, in cui partì Gregorio. Il primo non era ancora tornato.

Ci raggiunse la decima sera, mentre stavamo disponendo il campo per la notte, in una valle disabitata. Seppi da Alessandro che la sua rapidità era stata inferiore al previsto; avevo pensato, che procedendo isolato, in sella a un ottimo destriero, egli potesse percorrere, nel medesimo tempo, una distanza due volte la nostra; invece aveva potuto solamente una volta e mezza; in una giornata, mentre noi avanzavamo di quaranta leghe, lui ne divorava sessanta, ma non più.

Così fu degli altri. Bartolomeo, partito per la città alla terza sera di viaggio, ci raggiunse alla quindicesima; Caio, partito alla quarta, alla ventesima solo fu di ritorno. Ben presto constatai che bastava moltiplicare per cinque i giorni fin lì impiegati per sapere quando il messaggero ci avrebbe ripresi.

Allontanandoci sempre più dalla capitale, l'interario dei messi si faceva ogni volta più lungo. Dopo cinquanta giorni di cammino, l'intervallo fra un arrivo e l'altro dei messaggeri cominciò a spaziarsi sensibilmente; mentre prima me ne vedevo arrivare al campo uno ogni cinque giorni, questo intervallo divenne di venticinque; la voce della mia città diveniva in tal modo sempre più fioca; intere settimane passavano senza che io ne avessi alcuna notizia. . . .

Procedemmo ancora. Invano cercavo di persuadermi che le nuvole trascorrenti sopra di me fossero uguali a quelle della mia fanciullezza, che il cielo della città lontana non fosse diverso dalla cupola azzurra che mi sovrastava, che l'aria fosse la stessa, uguale il soffio del vento, identiche le voci degli uccelli. Le nuvole, il cielo, l'aria, i venti, gli uccelli, mi apparivano in verità cose nuove e diverse; e io mi sentivo straniero.

Avanti, avanti! Vagabondi incontrati per le pianure mi dicevano che i confini non erano lontani. Io incitavo i miei uomini a non posare, spegnevo gli accenti scoraggiati che si facevano sulle loro labbra. Erano già passati quattro anni dalla mia partenza; che lunga fatica. La capitale, la mia casa, mio padre, si erano fatti stranamente remoti, quasi non ci credevo. Ben venti mesi di silenzio e di solitudine intercorrevano ora fra le successive comparse dei messaggeri. Mi portavano curiose lettere ingiallite dal tempo, e in esse trovavo nomi dimenticati, modi di dire a me insoliti, sentimenti che non riuscivo a capire. Il mattino successivo, dopo una sola notte di riposo, mentre noi ci rimettevamo in cammino, il messo partiva nella direzione opposta, recando alla città le lettere che da parecchio tempo io avevo apprestate.

Ma otto anni e mezzo sono trascorsi. Stasera cenavo da solo nella mia tenda quando è entrato Domenico, che riusciva ancora a sorridere benchè stravolto dalla fatica. Da quasi sette anni non lo rivedevo. Per tutto questo periodo lunghissimo egli non aveva fatto che correre, attraverso praterie, boschi e deserti, cambiando chissà quante volte cavalcatura, per portarmi quel pacco di buste che finora non ho avuto voglia di aprire. Egli è già andato a dormire e ripartirà domani stesso all'alba.

Ripartirà per l'ultima volta. Sul taccuino ho calcolato che, se tutto andrà bene, io continuando il cammino come ho fatto finora e lui il suo, non potrò rivedere Domenico che fra trentaquattro anni. Io allora ne avrò settantadue. Ma comincio a sentirmi stanco ed è probabile che la morte mi coglierà prima. Così non lo potrò mai più rivedere. . . .

(Dino Buzzati)

GRAMMATICA

Congiuntivo Presente[1] – Konjunktiv Präsens

trov- i	trov- iamo	ved- a	ved- iamo
trov- i	trov- iate	ved- a	ved- iate
trov- i	trov- ino	ved- a	ved- ano

sent- a	sent- iamo	fin-isc- a	fin- - iamo
sent- a	sent- iate	fin-isc- a	fin- - iate
sent- a	sent- ano	fin-isc- a	fin-isc- ano

essere:

sia	siamo
sia	siate
sia	siano

avere:

abbia	abbiamo
abbia	abbiate
abbia	abbiano

Congiuntivo Passato – Konjunktiv Perfekt

abbia trovato, visto, sentito, avuto ecc.
sia stato, venuto ecc.

L'uso del congiuntivo – Gebrauch des Konjunktivs

I. in Hauptsätzen

1. als Befehl oder Aufforderung (1. und 2. Pers. Sg., 1 Pers. Pl.):
   Stia tranquillo. S'accomodi. Andiamo!

---

1 Bildung der Singularform und der 3. Pers. Pl. von der 1. Pers. Sg. des Ind. Präs. ohne -o; davon abweichend (außer *essere, avere*): *dare → dia; stare → stia; sapere → sappia*. Die 1. Pers. Pl. ist im Konj. und Ind. Präs. bei allen Verben identisch. Bei der für alle drei Personen gleichlautenden Singularform wird häufig zur Vermeidung von Mißverständnissen das Subjektspronomen gesetzt.

2. In Ausrufen (eigentlich Konditionalsätze):
   Avessimo saputo questo! Avessi detto qualcosa!

II. in Nebensätzen

1. nach einigen Konjunktionen; besonders:

affinchè ⎱ *perchè* ⎰	– damit	Cong. Pres. bzw. Passato nach Verbum des übergeordneten Satzes im Präs.; Cong.
di modo che	– so daß	
benchè ⎱ *sebbene* ⎰	– obwohl	Imperf. bzw. Trapassato nach Verbum des übergeordneten
per quanto	– soviel auch	Satzes in einer Form der Vergangenheit (einschließlich
purchè	– vorausgesetzt daß	gangenheit (einschließlich
prima che	— bevor	Konditional)
a meno che	– außer wenn	
senza che	– ohne daß	
se	– ob	
come se	– als ob	Cong. Imperf. bzw. Trapassa-
se	– wenn	to im Irrealis (vgl. L 13)

Esempi: *Lo voglio chiamar Pinocchio, affinché (perchè) questo nome gli porti fortuna. – Non me ne vado prima che la conferenza sia finita. – Benché io abbia poco tempo, verrò a vederti. – Intere settimane passavano senza che io ne avessi alcuna notizia. – Penso che, per quanto io avanzi, mai potrò arrivare alla fine. – Geppetto continuò a lavorare, come se non avesse visto niente.*

2. nach der Konjunktion *che* in folgenden Fällen:

   a) nach Verben und Substantiven, die einen Wunsch, ein Zugeständnis etc. ausdrücken:
   Voglio che partano subito. – Volevo che partissero subito. – Speriamo che faccia buon tempo. – Geppetto non voleva che il suo lavoro fosse guastato.

   b) nach Verben und Substantiven der Gemütsbewegung:
   Mi dispiace (dispiaceva) che le vacanze siano (fossero) finite. – Sono (Ero) contento che tutto sia (fosse) andato bene. – Ho paura che lui sia stato coinvolto in un incidente.

   c) nach Verben und Substantiven des Zweifelns, der Vermutung, der persönlichen Meinung:
   Penso che la bussola sia impazzita. – Avevo pensato che ... egli potesse

percorrere una distanza più lunga. – Cercavo di persuadermi che le voci degli uccelli fossero identiche. – Mi tormenta il dubbio che questo confine non esista[1].

d) nach manchen unpersönlichen Ausdrücken:
È meglio che tu parta subito. – È possibile (probabile, impossibile) che lui venga ancora. – Bisogna (Bisognava) ch'io l'aiuti (aiutassi). – Pare (sembra) che il nostro amico sia impazzito.

3. im Relativsatz

a) wenn dieser gleichzeitig einen Wunsch ausdrückt:
Cerco una casa che sia abbastanza grande per la nostra famiglia. Ich suche ein Haus, das groß genug ist (= sein soll) . . . *– Scelsi i sette migliori cavalieri, che mi servissero da messaggeri.* . . . die mir als Boten dienen sollten.

b) nach Superlativ oder ähnlichen Ausdrücken *(il primo, l'ultimo, l'unico, nessuno, niente, nulla): Questo è il miglior vino ch'io abbia mai bevuto. Non conoscevo nessuno che mi aiutasse.*

Zu beachten ist, daß – im Gegensatz zum Deutschen – in der indirekten Rede gewöhnlich nicht der Konjunktiv gesetzt wird:
Dice (Disse) che è (era) contento.

Dipendenza dei tempi – Tempuskonkordanz

a) indikativisch:

Sappiamo (Gegenwartstempus[2])	*che Giovanna*	**si è sposata**	vorzeitig
		si sposa	gleichzeitig
		si sposerà	nachzeitig
Sapevamo (Vergangenheitstempus)	*che Giovanna*	**si era sposata**	vorzeitig
		si sposava	gleichzeitig
		si sarebbe sposata (!)	nachzeitig

---

1 Bei dieser Gruppe von Verben (und Substantiven) wird auch häufig der Indikativ verwendet. Dies gilt besonders:
   a) für die Umgangssprache
   b) für Nuancierungen (in Bezug auf den Realitätsgehalt der Aussage) in der Schriftsprache: *Credo che tu hai ragione. / Credo che tu abbia ragione. – So che il treno è già partito. / Non so se il treno sia già partito.*
2 Das passato prossimo wird hierbei meist zu den Tempora der Gegenwart gerechnet: *Ho saputo* (ich habe erfahren = ich weiß) *che Giovanna è venuta.*

b) konjunktivisch:

Non sappiamo	*se Giovanna*	**si sia sposata**	vorzeitig
(Gegenwartstempus)		**si sposi**	gleichzeitig
		si sposerà	nachzeitig
non sapevamo	*se Giovanna*	**si fosse sposata**	vorzeitig
(Vergangenheitstempus)		**si sposasse**	gleichzeitig
		si sarebbe sposata (!)	nachzeitig

Besonders zu beachten ist die Verwendung des Condizionale passato als ein Futur der Vergangenheit. Vgl. auch L 16: *Credevo che in poche settimane* **avrei raggiunto** *i confini del regno.* – *Bastava moltiplicare per cinque i giorni fin lì impiegati per sapere quando il messaggero ci* **avrebbe ripresi.**

ESERCIZI

*1. Trasformate nel discorso indiretto al passato.
 Esempio: *Sono contento.* → *Eugenio scrisse che era contento.*
 Ho avuto una borsa di studio. – Sono molto contento. – Andrò a Perugia. – Quell'università è molto rinomata. – I miei genitori sono d'accordo. – Mi sono fatto spedire il programma. – M'iscriverò per quattro settimane. – Seguirò il corso medio. – Si faranno esercizi di grammatica. – Voglio vedere anche Spoleto. – Mi preparerò bene. – Non vivrò all'albergo. [– Aspetto una risposta.]

2. Formate delle frasi usando il congiuntivo.
 Esempi: *Sembra che la macchina sia guasta.*
 Pareva che l'aereo non potesse partire.

Sembra che	La macchina è guasta. L'aereo non può partire. I
Pare che	prezzi sono stati aumentati. La pensione non basta.
Sembrava che	In cucina si prepara qualcosa di buono. La tua ca-
Pareva che	mera non è mai stata pulita. L'automobilista è stu-
	pido. I genitori vogliono rimanere una quindicina
	di giorni. Il burattino sorride. Il riscaldamento non
	funziona. I soldi non basteranno.

3. Stesso esercizio.
 Esempi: *Può darsi che i bambini siano stati malati.*
 Non credevo che il nostro amico volesse partire.

Può darsi che	I bambini sono stati malati. Il nostro amico vuole
Non è vero che	partire. Il sorpasso è proibito. I nemici ci raggiun-
Non era vero che	geranno. Mi mancano i soldi. I negozi chiudono
Avevo paura che	alle 7.30. Non arriveremo in tempo. Giovanni ha
È peccato che	perduto la testa. Paolo non riesce a ritrovare la
È probabile che	chiave perduta. Perfino le parole semplici vengono
Non credevo che	dimenticate. Tu non puoi resistere alla tentazione.
Mi dispiace che	Non abbiamo incontrato il Capo dello Stato.

4. Trasformate le frasi seguenti.
   Esempio: *Non ho mai visto un giardino più bello.*
   → *Questo è il giardino più bello ch'io abbia mai visto.*
   Una proposta più stupida non è mai stata fatta. Eugenio non ha mai mangiato una pizza migliore. Eugenio non aveva mai mangiato una pizza migliore. Non c'è mai stato un treno più veloce. No ho mai incontrato una donna più intelligente. Non abbiamo mai avuto un inverno più freddo. Non avevamo mai avuto un inverno più freddo.

5. Mettete l'infinito nella forma conveniente.
   Esempio: *Benché io (provare) tutto, non riesco mai a nulla.*
   → *Benché io provi tutto, non riesco mai a nulla.*

   Io gli feci dei rimproveri, affinché (cambiare) il suo modo di vivere. Verrò, purchè (non fare) brutto tempo ((esserci) Angelica, (avere) un po' di tempo libero, mio padre non me lo (proibire)).
   Benché Michele (avere) studiato bene, non ha passato l'esame. Poteva andarsene prima che gli altri (accorgersene). Come posso andarmene senza che gli altri (accorgersene)? È ritornato come se nulla (essere) successo e come se anche nel futuro nulla (potere) succedere.

*6. Auguri di Buon Anno. Trasformate nel modo indicato.
   Esempio: *I prezzi non devono aumentare.*
   → *Voglio che i prezzi non aumentino.*
   Le guerre devono finire. – La pace deve estendersi in tutto il mondo. – La povera gente deve soffrire un po' meno. – I programmi della televisione devono essere migliori. – Si deve ridurre il prezzo della birra. – La situazione deve cambiare. – Durante le vacanze deve fare bel tempo. – I miei genitori non devono essere tristi. – Mia moglie deve rimanere fedele. – I miei soldi devono moltiplicarsi. [– Non devi avere un incidente. – Devi poter vincere tutte le difficoltà.]

*7. Un anno fa facevo gli stessi auguri.
Esempio: *Oggi voglio che i prezzi non aumentino.*
→ *Anche allora volevo che i prezzi non aumentassero.*
Continuate con le frasi dell'esercizio precedente.

*8. All'inizio dell'anno Luisa ha promesso molte cose belle a Bruno.
Esempio: *Mi laverò due volte al giorno.*
→ *Promise che si sarebbe lavata due volte al giorno.*
Mangerò di meno. – Non mentirò mai. – Non mi alzerò mai tardi. – Seguirò sempre i tuoi consigli. – Non dirò male di te. – Comprerò solo cose utili. – Risparmierò di più. – Ti sarò sempre fedele.

9. Alessandro racconta: "Sono stato alla conferenza del professor G. Non sono sempre stato d'accordo. Bisogna abituarsi a quella strana terminologia. Tuttavia sono rimasto fino alla fine. Ho capito finalmente la poesia di Ungaretti. Mi sono rifugiato con Maria in un cinema. Voglio invitarti (!) da me (!). Maria sarà contenta di conoscerti (!). Passeremo una serata piacevole."

a) Trasformate. Cominciate con *Alessandro mi racconta che...*
Esempio: *Alessandro mi racconta che è stato alla conferenza del professor G.*

b) Trasformate. Cominciate con *Alessandro mi raccontava che...*
Esempio: *Alessandro mi raccontava che era stato alla conferenza del professor G.*

VOCABOLARIO[1]

Lautkurs

l'acqua	– Wasser	*Parigi*	– Paris
le Alpi	– Alpen	*la pesca*	– Fischfang
l'anno	– Jahr	*la pęsca*	– Pfirsich
il brąccio	– Arm	*il pọpolo*	– Volk
la caṡa	– Haus	*la rọcca*	– Spinnrocken
la cauṡa	– Ursache, Prozeß	*la rocca*	– Festung
la chięsa	– Kirche	*lo sbąglio*	– Fehler, Versehen
la città	– Stadt	*la scęna*	– Szene, Bühne
il consiglio	– Rat	*lo scherzo*	– Scherz
la cọsa	– Sache	*lo sciovinismo*	– Chauvinismus
Dio	– Gott	*lo Stato*	– Staat
l'ęco	– Echo	*il Tęvere*	– Tiber
la famiglia	– Familie	*l'uomo*	– Mann, Mensch
la fęsta	– Fest-, Feiertag	*la valle*	– Tal
il fumo	– Rauch	*la vęrgine*	– Jungfrau
il gelato	– Speiseeis	*la Vęrgine*	– Jungfrau Maria
il ghiąccio	– Eis	*il violonçello*	– Cello
il lago	– See	*la voce*	– Stimme
i laghi	– die Seen		
la legge	– Gesetz	*apęrto*	– offen
il mese	– Monat	*asciutto*	– trocken
la mọglie	– Ehefrau	*ażżurro*	– blau
il muṡęo	– Museum	*buono*	– gut
il Papa	– Papst	*chiuso*	– geschlossen

---

1 Die Vokabeln sind lektionsweise angeordnet. Innerhalb jeder Lektion werden die Vokabeln gruppenweise (Substantive, Adjektive, Sonstige, Verben), innerhalb der Gruppen alphabetisch angeordnet. Durch einen waagerechten Strich sind die im Ausgangstext einer Lektion enthaltenen Vokabeln von den in Grammatik, Übungen oder zusätzlichen Texten enthaltenen Vokabeln getrennt.

colto	– gebildet	*né ... né*	– weder – noch
cǫlto	– gepflückt	*nǫ*	– nein
grande	– groß	*perché*	– weil, warum
italiano	– italienisch	*più*	– mehr
mezzo	– überreif	*quando*	– wann
mężżo	– halb	*quattro*	– vier
nero	– schwarz	*sęi*	– sechs
neutro	– neutral	*sęnza*	– ohne
pịccolo	– klein	*sì*	– ja
romano	– römisch	*si*	– sich
rosso	– rot	*così*	– so
sano	– gesund	*żęro*	– null
sonǫro	– klangvoll, stimm-		
	haft	*andǫ̀*	– er ging
sordo	– stimmlos, taub	*avere*	– haben
stụpido	– dumm	*dạmmelo*	– gib es mir
tedesco	– deutsch	*dimęntico*	– ich vergesse
vivace	– lebhaft	*dimęntichi*	– du vergißt
		dimęnticano	– sie vergessen
adạgio	– langsam(adv.)	*ę̀*	– er ist
bęne	– gut (adv.)	*fummo*	– wir waren
chi	– wer	*hǫ*	– ich habe
ciao	– servus	*lasciare*	– lassen
domani	– morgen	*lęgge*	– er liest
e	– und	*pago*	– ich bezahle
ęcco	– sieh da, da ist	*paghi*	– du bezahlst
ieri	– gestern	*pạgano*	– sie bezahlen
là	– dort	*preparare*	– vorbereiten
male	– schlecht (adv.)	*scuṡi*	– entschuldigen Sie
meno	– weniger (adv.)	*vale*	– es gilt

Lezione 1

l'ạngolo	– Ecke, Winkel	*la lezione*	– Lektion, Unter-
l'arredamento	– Einrichtung		richtsstunde
l'aula	– Unterrichts-	*il libro*	– Buch
	raum, Hörsaal	*la matita*	– Bleistift
la carta	– Karte, Papier	*la parǫla*	– Wort
la finęstra	– Fenster	*la penna*	– Feder(halter)
la lavagna	– (Schreib-) Tafel	*la pǫrta*	– Tür

il professore	– Professor	*qui*	– hier
il quaderno	– Heft	*su*	– auf
lo spazio	– (freier) Raum		
lo studente	– Student	*ascoltare (q)*	– zu-, anhören (jd.)
la studentessa	– Studentin	*bastare*	– genügen
il tavolo	– Tisch	*guardare*	– (an)schauen,
			betrachten
aperto	– offen	*parlare*	– sprechen
bello	– schön	*c'è*	– (da) ist
brutto	– häßlich	*ci sono*	– (da) sind
caldo	– warm, heiß		–frz. il y a)
chiuso	– geschlossen	*è*	– er, sie, es ist
difficile	– schwierig	*fa caldo*	– es ist warm, heiß
facile	– leicht	*fa freddo*	– es ist kalt
freddo	– kalt	*scrive*	– er schreibt
grande	– groß		
italiano	– italienisch	*la chiave*	– Schlüssel
piccolo	– klein	*la faccia*	– Gesicht
semplice	– einfach	*la scena*	– Szene, Bühne
sobrio	– nüchtern	*lo schiaffo*	– Ohrfeige
verde	– grün	*la zia*	– Tante
		lo zio	– Onkel
due	– zwei	*buono*	– gut
e	– und	*cattivo*	– schlecht, böse
ecco	– da ist, sind	*giallo*	– gelb
	(frz. voici, voilà)	*intelligente*	– gescheit
là	– dort	*primo, -a*	– erster, -e
ma	– aber, sondern	*stupido*	– dumm
molto	– viel, sehr		
non	– nicht	*cominciare*	– beginnen
non ... neanche	– auch nicht	*dov'è?*	– wo ist ...?
anche	– auch	*dove?*	– wo? wohin?
oggi	– heute	*no*	– nein
perché	– weil, warum;		
	damit		

Lezione 2

l'aspetto	– Anblick	*il coraggio*	– Mut
il cielo	– Himmel	*l'esercizio*	– Übung
la città	– Stadt	*il giorno*	– Tag

la mącchina	– Maschine, Auto	*prǫprio*	– eigen (Adj.);
la mano	– Hand		gerade (Adv.)
il momento	– Augenblick	*purtrǫppo*	– leider
la nǫtte	– Nacht	*sęmpre*	– immer
la parete	– Wand	*sì*	– ja
la paųra	– Angst, Furcht	*tardi*	– spät
il piede	– Fuß	*trǫppo*	– zu sehr, zu viel
a piedi	– zu Fuß		
la pronųncia	– Aussprache	*alzare*	– (er-)heben
la settimana	– Woche	*arrivare*	– ankommen
il sole	– Sonne	*capire*	– verstehen
il sud	– Süden	*capito*	– verstanden
il tęmpo	– Zeit; Wetter	*continuare*	– fortsetzen,
l'università	– Universität		weitermachen
il vento	– Wind	*copiare*	– kopieren,
bianco	– weiß		abschreiben
copęrto	– bedeckt	*entrare*	– eintreten
lontano	– fern	*impiegare*	
malato	– krank	*(tempo)*	– (Zeit) brauchen
nudo	– nackt, bloß	*lavorare*	– arbeiten
piovoso	– regnerisch	*piǫve*	– es regnet
stanco	– müde	*parlare (di)*	– sprechen (von)
triste	– traurig	*spiegare*	– erklären
ųmido	– feucht	*trovare*	– finden
prątico	– praktisch	*vediamo*	– wir sehen
		vięne	– er kommt

allora	– dann, damals, also		
		l'addịo	– Abschied
che (unver-	– welcher, -e, -es	*l'amico*	– Freund
änderlich)	(Rel. pron.)	*l'ąria*	– Luft
la cǫsa	– Sache, Ding	*la camịcia*	– Hemd
chi?	– wer	*la cioccolata*	– Schokolade
che (cosa)?	– was	*il dentista*	– Zahnarzt
come (?)	– wie (?)	*il dito*	– Finger
come mai?	– warum denn?	*il farmacista*	– Apotheker
così	– so	*il mędico*	– Arzt
da	– von ... her	*la mišura*	– Maß
	von ... aus, seit	*il Papa*	– Papst
forse	– vielleicht	*il pittore*	– Maler
lupus in fabula	– "Wenn man den Esel nennt..."	*lo spịrito*	– Geist
		la sveglia	– Wecker

il telegramma	– Telegramm	*dimenticare*	– vergessen
la valigia	– Koffer	*fare*	machen, tun
		mangiare	– essen, fressen
chiaro	– klar, hell	*pagare*	– bezahlen
santo	– heilig	*telefonare*	– telephonieren

addio – leb wohl

Lezione 3

l'albergo	– Hotel	*la pesca sub-*	– Unterwasserjagd
l'albero	– Baum	*acquea*	
l'anno scolastico	– Schuljahr	*il piacere*	– Vergnügen,
la radio	– Radio(apparat)		Freude
il bagno	– Bad(ezimmer)	*il piano*	– Stockwerk
la camera	– Zimmer	*il pianterreno*	– Erdgeschoß
la camera da	– Schlafzimmer	*la pianta*	– Pflanze
letto		*il ragazzo*	– Junge
la casa	– Haus	*la ragazza*	– Mädchen
il complimento	– Kompliment	*il saluto*	– Gruß
la costa	– Küste	*il soggiorno*	– Aufenthalt; Auf-
la cucina	– Küche		enthaltsraum,
l'esperienza	– Erfahrung		Wohnzimmer
l'età f.	– Alter	*la spiaggia*	– Strand
la fine	– Ende	*il televisore*	– Fernsehgerät
il frigorifero	– Kühlschrank	*il tipo*	– Typ, Kerl
il giardino	– Garten	*le vacanze*	– Ferien
giugno	– Juni	*la villa*	– Villa, Landhaus
il golfo	– Golf	*il villino*	– kleine Villa
l'isola	– Insel	*la vista*	– Sicht, Aussicht
la lettera	– Brief	*la volta*	– Mal
il letto	– Bett		
la lingua	– Sprache, Zunge	*altro*	– anderer
il mare	– Meer	*attrezzato*	– eingerichtet
la matematica	– Mathematik	*azzurro*	– blau
il Mediterraneo	– Mittelmeer	*bellissimo*	– wunderschön
ottobre	– Oktober	*caratteristico*	– charakteristisch
la passeggiata	– Spaziergang	*caro*	– lieb, teuer
il periodo	– Zeitabschnitt	*cordiale*	– herzlich
	Periode	*estivo*	– sommerlich

(l')idiọta	– Idiot; blöd	*imparare a*	– lernen
lungo	– lang	*nuotare*	– schwimmen
magnịfico	– prächtig	*passare*	– vorbeikommen;
modẹrno	– modern		verbringen
pọvero	– arm	*restare*	– bleiben
quel(lo)	– jener	*ricominciare a*	– wieder beginnen
simpạtico	– sympathisch	*stare*	– sich befinden
spazioso	– geräumig	*come stai?*	– wie geht es dir?
tedesco	– deutsch	*studiare*	– studieren, lernen
tutto	– all, ganz	*vieni*	– du kommst

a	– in, an, auf	*il cịnema*	– Kino
anche	– auch	*l'eṡame m.*	– Examen, Prü-
ancora	– noch		fung
bẹne	– gut (Adv.)	*Norimbẹrga*	– Nürnberg
con	– mit	*il vestito*	– Kleid
da	– bei (Personen)	*francese*	– französisch
fino a	– bis	*quanto (?)*	– wieviel? soviel
già	– schon		wie
in	– in	*non ... nem-*	– nicht einmal
insieme	– zusammen	*meno*	
intorno a	– um – herum	*per*	– für
invece	– hingegen, je-	*chiamare*	– rufen
	doch, stattdessen	*stare attenti (a)*	– aufpassen (auf)
perfino	– sogar	*stare in piedi*	– stehen
spesso	– oft	*stare seduti*	– sitzen
tre	– drei	*questo vestito*	– dieses Kleid steht
		mi sta bene	mir gut
accompagnare	– begleiten	*stare a casa*	– zuhause sein
		stare all'albergo	– im Hotel wohnen
aspettare	– erwarten, warten	*sto bene (male)*	– es geht mir gut
	auf		(schlecht)
durare	– dauern		

Nomi di parentela – Verwandtschaftsbezeichnungen

il padre	– Vater	*i figli*	– Kinder
la madre	– Mutter	*i genitori*	– Eltern
il figlio	– Sohn	*il fratẹllo*	– Bruder
la figlia	– Tochter	*la sorẹlla*	– Schwester

la moglie	– Ehefrau	*il cugino*	– Cousin, Vetter
il marito	– Ehemann	*la cugina*	– Kusine
il nọnno	– Großvater	*il suọcero*	– Schwiegervater
la nọnna	– Großmutter	*la suọcera*	– Schwiegermutter
i nọnni	– Großeltern	*il gẹnero*	– Schwiegersohn
il nipote	– Enkel, Neffe	*la nuora*	– Schwiegertochter
la nipote	– Enkelin, Nichte	*il cognato*	– Schwager
lo zio	– Onkel	*la cognata*	– Schwägerin
la zia	– Tante		

Lezione 4

l'appetito	– Appetit	*il servịzio*	– Dienst,
il bar	– Bar		Bedienung
il caffẹ	– Kaffee	*il signore*	– Herr
il cameriere	– Kellner	*la strada*	– Straße
il castẹllo	– Schloß	*affamato*	– hungrig
i Castẹlli	– Ortschaften der	*asciutto*	– trocken
	Albaner Berge	*compreso*	– inbegriffen,
il conto	– Rechnung		enthalten
il contorno	– Beilage	*dolce*	– süß, sanft
la fame	– Hunger	*lesso*	– gekocht
la gẹnte	– Leute	*lịbero*	– frei
la lista	– Speisekarte	*misto*	– gemischt
il lupo	– Wolf	*pọco*	– wenig
la mattina	– Morgen	*un pọ'*	– ein bißchen
la mạncia	– Trinkgeld	*secco*	– trocken, dürr,
la pasta	– Teig, Teigwaren		herb
il pasto	– Speise, Mahlzeit	*vicino*	– nahe
le patatine fritte	– pommes frites	*qui vicino*	– hier in der Nähe
il posto	– Platz, Posten	*d'accọrdo*	– einverstanden
il pranżo	– Mittagessen	*adesso*	– jetzt
il prẹzzo	– Preis	*per favore!*	– bitte
la ragione	– Vernunft;	*finalmente*	– endlich
	Grund, Ursache	*non ... più*	– nicht mehr
aver ragione	– Recht haben	*pọi*	– dann, danach
aver tọrto	– Unrecht haben	*se*	– wenn
il ristorante	– Restaurant	*senza*	– ohne
la sala	– Saal		
il secondo	– der zweite Gang	*andare*	– gehen, fahren

camminare	– gehen (ohne Ziel)	il nome	– Name
esagerare	– übertreiben	il numero	– Zahl, Nummer
far bene	– guttun	l'ora	– Stunde
lasciare	– lassen	la parte	– Teil
ordinare	– bestellen	il secolo	– Jahrhundert
mi (ti) piace	– mir (dir) gefällt,	la stagione	– Jahreszeit, Saison
	schmeckt	nato	– geboren
portare	– tragen, bringen	prossimo	– nächster
prende	– er nimmt	scorso	– vergangen
protestare	– protestieren	si accomodi,	– nehmen Sie Platz
sembrare	– scheinen	si accomodino	
io ci sto	– ich bin dabei,	dunque	– also
	mache mit	prego!	– bitte!
		quando?	– wann?
la data	– Datum	soltanto	– nur
il mese	– Monat		

Cibi e bevande – Speisen und Getränke

il pane	– Brot	i legumi	– Hülsenfrüchte
la minestra	– Suppe	i piselli	– Erbsen
l'insalata	– Salat	i fagioli	– Bohnen
il pesce	– Fisch	le patate	– Kartoffeln
la carne	– Fleisch	la frutta	– Obst
il pollo	– Huhn	il formaggio	– Käse
la scaloppina	– Schnitzel	la birra	– Bier
la bistecca	– Beefsteak	il vino	– Wein
la verdura	– Gemüse	l'acqua	– Wasser
il pomodoro	– Tomate		

Lezione 5

		il biglietto	– (Fahr-, Eintritts-)
l'adulto	– Erwachsener		Karte; Geld-
l'autobus m.	– Autobus, Bus		schein
i bagagli	– Gepäck	fare il biglietto	– Fahrkarte lösen
il bambino	– Kind	il binario	– Geleise
la bambina	– kleines Mädchen	la capitale	– Hauptstadt
la banca	– Bank (Geld-	il capofamiglia	– Familien-
	institut)		oberhaupt

il capostazione	– Bahnhofs-vorstand	*qualche cọsa, qualcọsa*	– irgendetwas
il chilọmetro (km)	– Kilometer	*se no*	– sonst, wenn nicht
la coda	– Schwanz, Schlange (fig.)	*vẹrso*	– in Richtung auf, gegen
fare la coda	– Schlange stehen	*verso le 6*	– gegen 6 h
il dirẹtto	– Eilzug	*acquistare*	– erwerben, kaufen
il direttịssimo	– Schnellzug	*andare a trovare*	– besuchen
il rạpido	– Fernschnellzug	*cọrrere*	– laufen, rennen
il trẹno locale	– Personenzug	*mi dispiace*	– es tut mir leid
il fischio	– Pfiff	*piacere*	– gefallen; (gut) schmecken
fischiare	– pfeifen		
la fretta	– Eile	*domandare qc a q*	– jd. nach etwas fragen
aver fretta	– es eilig haben		
l'impiegato	– Angestellter	*mancare*	– fehlen
impiegare	– an-, verwenden	*mẹttere*	– setzen, stellen, legen, wohin tun
il marciapiede	– Geh-, Bahnsteig		
il minuto	– Minute	*ci metto un' ora*	– ich brauche dazu 1 Stunde
l'orolọgio	– Uhr		
la partẹnza	– Abfahrt	*mettere in moto*	– in Bewegung setzen
l'arrivo	– Ankunft		
la provincia	– Provinz	*partire per*	– abreisen, -fahren
gli spicci, gli spiccioli	– Kleingeld	*pẹrdere*	– verlieren, versäumen, verpassen
lo sportẹllo	– Schalter	*pọsso*	– ich kann
la stazione	– Bahnhof	*potere*	– können
il trẹno	– Zug	*prẹndere*	– nehmen
il viaggiatore	– Reisender	*salire*	– hinauf-, einsteigen
il viạggio	– Reise		
		scendere	– hinuntergehen, aussteigen
accidẹnti!	– Donnerwetter!		
andata e ritorno	– hin und zurück	*sentire*	– fühlen, merken hören
apertamente	– offen (adv.)		
appena	– kaum; sobald	*vedere*	– sehen
per fortuna	– zum Glück, glücklicherweise	*vịvere*	– leben
nessuno	– niemand		
ogni tanto	– ab und zu		
ogni (inv.)	– jeder		
tanto (adv.)	– so sehr		
qualcuno (q)	– irgendjemand		

Lezione 6

l'acquedotto	– Wasserleitung	la sete	– Durst
	Aquädukt	il sobborgo	– Vorstadt
l'augurio	– (Glück)Wunsch	la spremuta	– ausgepreßter Saft
tanti auguri	– alles Gute	la storia	– Geschichte
il bicchiere	– (Trink)Glas	il transistor	– Koffer, Tran-
il calcio	– Fußball(sport)		sistorradio
la campagna	– Land (Gegen-	la velocità	– Geschwindigkeit
	satz: Stadt)	il vermut	– Wermut
Campagna	– Gegend um Rom	la vigna	– Weinberg
Romana		la visita	– Besuch
le chiacchiere	– Geplauder,	la zona	– Gebiet, Zone
	Geschwätz		
i dintorni	– Umgebung	affascinante	– faszinierend
l'epoca	– Zeitabschnitt,	affascinare	– faszinieren
	Zeitalter	alcuni, -e	– einige
la famiglia	– Familie	breve	– kurz
il ghiaccio	– Eis (gefrorenes	celebre	– berühmt
	Wasser)	centrale	– zentral
la gioia	– Freude, Fröh-	contento di	– zufrieden mit,
	lichkeit		froh über
la giornata	– Tag (in seinem	gigantesco	riesig
	ganzen Verlauf;	il gigante	– Riese
	frz. journée)	modernissimo	– sehr modern
il gregge	– Herde	importante	– wichtig
il grido	– Ruf, Schrei	periferico	– Rand-
(Pl.: le -a)		la periferia	– Peripherie
il limone	– Zitrone	popolato	– bevölkert
la notizia	– Nachricht	principale	– hauptsächlich,
la novità	– Neuigkeit		Haupt-
l'ombra	– Schatten	romano	– römisch
il paesaggio	– Landschaft	situato	– gelegen
il paese	– Land; Dorf	splendido	– prachtvoll
la partita	– (Fußball)Spiel		herrlich
(di calcio)		sportivo	– sportlich
la pecora	– Schaf	lo sport	– Sport
la piazza	– Platz	tanto	– so viel
il platano	– Platane	ultimo	– letzter
il quartiere	– Stadtviertel	vecchio	– alt
la salute	– Gesundheit		
in buona salute	– gesund	anzi	– ja sogar

contro	– gegen	*interessarsi di*	– s. interessieren
dapprima	– zunächst		für
dopo	– nach, hinter;	*metterci*	– (dazu) brauchen
	danach		(Zeit)
grazie!	– danke!	*passare (per*	– fahren, kommen
mentre	– während (Konj.)	*una citta)*	über
di nuovo	– von neuem,	*preferire*	– vorziehen, lieber
	wieder		haben
nuovo	– neu	*preferire far*	– etwas lieber tun,
per	– um zu	*qc*	wollen
prẹsto	– früh, bald,	*raccontare*	– erzählen
	rasch (Adv.)	*ricordare qc*	
qua e là	– hier und da	*ricordarsi di qc*	– s. erinnern an
là	– dort	*riposare, ripo-*	– s. ausruhen
quanto tempo?	– wie lange?	*sarsi*	
soprattutto	– besonders,	*riunire*	– (wieder)vereini-
	vor allem		gen, versammeln
va bene	– in Ordnung,	*sbagliarsi*	– s. täuschen
	recht so	*spạrgere*	– verstreuen,
		(p.p. sparso)	vergießen
aiutare q	– jd. helfen	*stancarsi*	– müde werden
apparire[1]	– erscheinen	*tenere in mano*	– in der Hand
attraversare	– durch-, über-		halten
	queren	*vịncere*	– (be)siegen,
bere (bevo;	– trinken	*(p.p. vinto)*	gewinnen
p.p. bevuto)		*venire*	– kommen
conọscere	– kennen(lernen)	*(p.p. venuto)*	
costruire	– (er)bauen	*arrivederci*	– Auf Wiedersehen
crẹscere	– wachsen	*rivedere*	– wiedersehen
diminuire	– (s.) verringern,		
	vermindern	*la domanda*	– Frage, Antrag,
fermarsi	– (an)halten		Bitte
(treno,	(intr.),	*la neve*	– Schnee
orologio)	stehenbleiben	*bravo*	– tüchtig
fermare	– anhalten (tr.)	*fra*	– zwischen
finire	– beendigen, auf-	*preparare*	– (vor)bereiten
	hören	*prepararsi*	– s. vorbereiten
gridare	– schreien		

1 wie *finire* oder: *appaio*   *appariamo*
                         appari   *apparite*
                         appare   *appạiono*

Lezione 7

l'abito	– Anzug	il tassì	– Taxi
l'attore	– Schauspieler	il teatro	– Theater
l'attrice	– Schauspielerin	il vestito	– Kleid
il binocolo	– Opernglas		
la bottega	– Laden	blu	– blau
la camicia	– Hemd	distante	– entfernt
il capolavoro	– Meisterwerk	eccellente	– ausgezeichnet
la commedia	– Komödie	elegante	– elegant
la compagnia	– Gesellschaft,	marrone	– kastanienbraun
	Theatertruppe	il marrone	– Eßkastanie
la cravatta	– Krawatte	ottimo	– hervorragend
la critica	– Kritik	piacevole	– angenehm
la folla	– (Menschen-)	pronto	– fertig, bereit
	Menge	scollato	– dekolletiert, aus-
la galleria	– Galerie, Passage,		geschnitten
	Tunnel	scuro	– dunkel
il giornale	– Zeitung	secondo	– zweiter
l'ingresso	– Eingang, Eintritt		
l'inizio	– Anfang, Beginn	davanti a	– vor (örtl.)
la luce	– Licht	quasi	– beinahe, fast
la manica	– Ärmel		
la messa in	– Inszenierung	alzarsi	– s. erheben,
scena			aufstehen,
la scena	– Bühnenbild,		hochgehen
	Szene	bisbigliare	– flüstern
il palcoscenico	– Bühne	comp(e)rare	– kaufen
aver paura di	– s. fürchten vor	discutere su	– diskutieren über
la pazienza	– Geduld	(discusso)	
la pelliccia	– Pelz	divertirsi un	– s. köstlich amü-
il programma	– Programm	mondo	sieren
il pubblico	– Publikum	divertirsi	– s. vergnügen,
la rappresenta-	– Vorstellung	(mi diverto)	s. amüsieren
zione		il mondo	– Welt
il regista	– Regisseur	interpretare	– dolmetschen,
la serata	– vgl. giornata		interpretieren,
la seta	– Seide		spielen (Rolle)
il silenzio	– Schweigen	mettere qc ⎫	
il sipario	– (Theater-)	mettersi qc ⎭	– anziehen
	Vorhang	muovere	– bewegen
la sorpresa	– Überraschung	(mosso)	

muọversi	– s. bewegen, s. rühren	*assicurare* *cavare*	– versichern – herausnehmen
passare	– (herüber)reichen	*contare*	– zählen, rechnen
prendere posto	– Platz nehmen	*fallire*	– (ver-)fehlen,
sbrigarsi	– s. beeilen		fehlschlagen,
spegnere[1]	– (aus)löschen		scheitern
(spento)		*ingannare*	– täuschen,
spegnersi	– verlöschen, ausgehen	*mandare*	betrügen – schicken
volere	– wollen	*osservare*	– be(ob)achten
		sọ	– ich weiß
l'ạsino	– Esel	*strapazzare*	– mißhandeln,
il buffone	– Hanswurst		schelten
il capo	– Haupt, Kopf (veraltet)	*suonare*	– klingeln, läuten spielen (Instru-
l'occhialetto	– Lorgnon		ment)
gli occhiali	– Brille	*tacere (taciuto)*	– schweigen
l'ọcchio	– Auge		
		il burro	– Butter
irọnico	– ironisch	*il chilo*	– Kilo
medẹsimo	– selbst, gleich	*(-gramma)*	
perfẹtto	– vollkommen	*mẹżżo chilo*	– 1 Pfund
temerạrio	– verwegen,	*l'ẹtto*	– 100 Gramm
	tollkühn	*il fatto*	– Tatsache
		il litro	– Liter
dunque	– also, daher	*la scarpa*	– Schuh
male	– schlecht (Adv.)	*amare*	– lieben, mögen,
di buon'ora	– frühzeitig		gernhaben
or ora	– soeben	*lavare*	– waschen
via!	– weg da! ach was!		

Lezione 8

la cena	– Abendessen	*il favore*	– Gunst, Gefallen,
la conferẹnza	– Konferenz, Vortrag		Beliebtheit
		l'incontro	– Begegnung
		l'invito	– Einladung
		il lavoro	– Arbeit

1 *io spengo, loro spengono*

un paio (di)	– ein Paar[1], ein paar	*dovere*	– sollen, müssen schulden, verdanken
due paia	– zwei Paar		
la poeșịa	– Dichtung, Gedicht	*immaginarsi qc*	– s. etw. vorstellen
		passeggiare	– spazierengehen
il rappọrto	– Beziehung	*pentirsi di*	– bereuen
il rimprọvero	– Vorwurf, Tadel	*piọvere*	– regnen
rimproverare	– tadeln	*potere*	– können
la terminologịa	– Terminologie	*presentare*	– vorstellen
		rifugiarsi	– s. flüchten
impossịbile	– unmöglich	*rimanere*[2]	– bleiben
interessante	– interessant	*servire*	– (be)dienen
straordinạrio	– außerordentlich, außergewöhnlich	*servirsi di qc*	– s. einer Sache bedienen
urgẹnte	– dringend	*volere*	– wollen

ciao	– servus	*il campo*	– Feld, Acker, Gebiet
come no	– (wie nicht,) selbstverständlich	*l'Egitto*	– Ägypten
		il fiore	– Blume, Blüte
davvero	– tatsächlich, wirklich (adv.)	*il lume*	– Licht (poet.)
		il monte	– Berg
l'altro giorno	– neulich	*la nụvola*	– Wolke
prima	– vorher, früher	*la quiẹte*	– Ruhe
prima di	– vor (zeitl.)	*la rọndine*	– Schwalbe
a propọsito	– a propos	*lo spẹcchio*	– Spiegel
per questa ragione	– aus diesem Grund	*lo strạzio*	– Qual
		l'uva	– Weintraube(n)
stasera	– heute abend	*cọlto*	– gepflückt
ad un tratto	– auf einmal, plötzlich	*etẹrno*	– ewig
		immenso	– unermeßlich, unendlich
volentieri	– gerne		
		incẹrto	– unsicher, ungewiß
abituarsi a	– s. gewöhnen an		
andarsene, andar via	– weggehen	*cẹrto*	– gewiß, sicher
		inesprimịbile	– unaussprechlich
arrabbiarsi	– wütend werden		
bișogna	– es ist nötig, man muß		
chiedere qc a q (chiesto)	– jd. nach etwas fragen, um etwas bitten		

---

1 Jedoch: *la coppia* – (Ehe-)Paar
2 *io rimango, loro rimangono*; vgl. *tenere*

esprimere	– ausdrücken	*illuminare*	– er-, beleuchten
(espresso)		*staccare da*	– losmachen von,
maturo	– reif		lösen, trennen
polveroso	– staubig		
la polvere	– Staub, Pulver	*il contrario*	– Gegenteil
tra, fra	– zwischen	*ciò*	– das, dies
arare	– pflügen	*aumentare*	– vermehren, er-
cadere	– fallen		höhen, zunehmen
donare	– schenken,	*marciare*	– marschieren
	spenden	*nevicare*	– schneien
fuggire	– fliehen, flüchten	*trovarsi*	– s. befinden
(io fuggo)		*viaggiare*	– (be)reisen

Lezione 9

		rinascimentale	– Renaissance-
l'autista	– (Bus-)Fahrer	*la sardina*	– Sardine
la borsa	– Tasche, Börse	*la signora*	Dame
il capolinea	– Endhaltestelle	*l'uomo* (pl.: *gli*	– Mensch, Mann
il caso	– Fall; Zufall	*uomini*)	
il cavaliere	– Reiter, Ritter,	*l'uscita*	– Ausgang
	Kavalier	*la valigia*	– Koffer
il centro	– Zentrum,	*anteriore*	– vorder (Adj.)
	Mittelpunkt	*posteriore*	– hinter, später
il cuoio	– Leder		(Adj.)
la fermata	– Haltestelle	*anziano*	– älter, betagt
il finestrino	– Fenster (in Fahr-	*barocco*	– barock
	zeugen)	*il barocco*	– Barock
la giustizia	– Gerechtigkeit,	*cortese*	– höflich
	Recht, Justiz	*gentile*	– liebenswürdig,
la guerra	– Krieg		freundlich
il mezzo	– Mitte, Hälfte,	*imbarazzato*	– verlegen
	(Verkehrs-)	*l'imbarazzo*	– Verlegenheit
	Mittel	*inaspettato*	– unerwartet
il negozio	– Geschäft, Laden	*pesante*	– schwer
il palazzo	– großes Haus,		(Gewicht)
	Palast	*pieno (di)*	– voll (von)
la parte	– Teil; hier: Seite	*pieno zeppo*	– übervoll
il passeggero	– Passagier	*qualche pas-*	– alcuni passeggeri
il passo	– Schritt	*seggero*	
il Rinascimento	– Renaissance	*tranquillo*	– ruhig, unbesorgt

vero	– wahr	passare (dalla	– vorbei-, vorüber-
vuoto	– leer	stazione)	kommen
		passare per le	– durch die
accanto a	– neben	strade	Straßen fahren
dietro	– hinter	sorridere (sorriso)	– lächeln
di fronte a	– gegenüber	stia	– Konj., 3 Ps. Sg.
man mano	– allmählich		von stare
mężżo	– halb (Adv.)		

per	– u.a.: wegen	l'aęreo	– Flugzeug
senz'altro	– ohne weiteres,	l'aperitivo	– Aperitif
	natürlich, selbst-	l'apparecchio	– Hörapparat
	verständlich	acụstico	
soltanto	– nur	la bicicletta	– Fahrrad
d'una volta	– von früher	il dottore	– Doktor, Arzt
		il fondo	– (Hinter-)Grund,
accomodarsi	– Platz nehmen		Boden
pigiare	– drücken	l'incęndio	– Brand
riempire di	– füllen mit,	la legge	– Gesetz
(io riempio)	ausfüllen	il mọdo	– Art, Weise
sapere	– wissen, können	Natale	– Weihnachten
saper nuotare	– schwimmen	occidentale	– westlich
	können	orientale	– östlich
saper bene l'ita-	– gut Italienisch	meridionale	– südlich
liano	können	settentrionale	– nördlich
scęndere (sceso)	– hinuntergehen,	incontrare	– treffen
	aussteigen	scoppiare	– explodieren, aus-
soffocare	– ersticken,		brechen (in-
	erwürgen		cendio, guerra)

Nomi di paesi

l'Europa	la Germania	l'Unione Sovietica	la Baviera
l'Aṡia	la Svịzzera	gli Stati Uniti	la Francọnia
l'America	la Francia	la Cina	la Sassọnia
l'Africa	l'Inghilterra	l'India	la Renạnia
l'Australia	la Spagna	l'Egitto	l'Aṡsia

Lezione 10

		chiudere (chiuso)	– schließen
l'autore	– Verfasser, Autor	*figurarsi*	– s. etw. vorstellen
la borsa di	– Stipendium	*iscriversi*	– s. einschreiben
studio		*leggere (letto)*	– lesen
il corso	– Kurs	*partecipare a*	– teilnehmen an
il corso estivo	– Sommer-,	*pensare*	– denken, meinen,
	Ferienkurs		glauben
la difficoltà	– Schwierigkeit	*pregare*	– beten, bitten
la gita	– Ausflug	*salutare*	– grüßen
la grammatica	– Grammatik	*sperare*	– hoffen
la letteratura	– Literatur		
l'occasione f.	– Gelegenheit	*l'arte* f.	– Kunst
il principiante	– Anfänger	*il biglietto*	– Visitenkarte
il progredito	– Fortgeschrittener	*da visita*	
la risposta	– Antwort	*la chiarezza*	– Klarheit, Deut-
il romanzo	– Roman		lichkeit
la scuola	– Schule	*il cognome, il*	– Familienname
(lo) straniero	Ausländer;	*nome di*	
	ausländisch	*famiglia*	
il trimestre	– Trimester	*la decorrenza*	– Ablauf
		la firma	– Unterschrift
affettuoso	– zärtlich, herzlich	*firmare*	– unterschreiben
l'affetto	– Zuneigung,	*il formato*	– Format
	Liebe	*la foto(grafia)*	– Photo(graphie)
(il)giovane	– jung; junger	*l'indirizzo*	– Anschrift,
	Mann		Adresse, Rich-
i giovani	– junge Leute		tung
inferiore	– unterer, Unter-	*l'iscrizione* f.	– Einschreibung
medio	– mittlerer	*il modulo*	– Formular
superiore	– oberer, Ober-	*la musica*	– Musik
storico	– geschichtlich	*la nascita*	– Gcburt
rinomato per	– berühmt, ange-	*la nazionalità*	– Staatsangehörig-
	sehen wegen		keit
		il nome	– Vorname
inoltre	– außerdem		
intanto	– inzwischen,	*la professione*	– Beruf
	einstweilen	*la residenza*	– Wohnsitz
siccome	– da ja	*la signorina*	– Fräulein
		il sottoscritto	– Unterzeichneter
aver luogo	– stattfinden	*lo studio, gli*	– Studium
il luogo	– Ort, Stelle, Platz	*studi*	

la tęssera	– Ausweis	*l'archeologia*	– Archäologie
il tįtolo	– Titel	*il mal di testa*	– Kopfweh
		il male	– Böse, Übel,
abituale	– gewöhnlich		Leiden
	(Adj.)	*il metro*	– Meter
mạssimo	– größtmöglich	*il muśeo*	– Museum
opportuno	– angebracht,	*la stoffa*	– Stoff
	günstig	*la testa*	– Kopf
possįbile	– möglich	*l'uffįcio*	– Amt, Büro
possibilmente	– womöglich	*l'ufficio*	– Auskunfts-, In-
preciśo	– genau	*informazioni*	formationsbüro
preparatǫrio	– vorbereitend	*l'ǫro*	– Gold
quale	– welcher, -e, -es	*la vita*	– Leben
desiderare	– wünschen	*buio*	– dunkel
indicare	– anzeigen, -geben		(senza luce)
possedere[1]	– besitzen	*raro*	– selten
raccomandare	– empfehlen	*buon diverti-*	– viel Vergnügen!
unire	– beifügen	*mento!*	
		ritrovare	– wiederfinden

Abitanti di alcuni paesi

l'abitante m.	– Bewohner
abitare	– (be)wohnen

Europa	– *europęo*	*Inghilterra*	– *inglese*
Asia	– *asiạtico*	*Gran Bretagna*	– *britạnnico*
America	– *americano*	*Grecia*	– *gręco*
Africa	– *africano*	*Scandinavia*	– *scandinavo*
Australia	– *australiano*	*Russia*	– *russo*
Italia	– *italiano*	*Stati Uniti*	– *americano*
Germania[2]	– *tedesco*	*Cina*	– *cinese*
Austria	– *austrịaco*	*India*	– *indiano*
Svizzera	– *svịzzero*	*Egitto*	– *egiziano*
Francia	– *franceśe*	*Baviera*	– *bavarese*
Spagna	– *spagnǫlo*	*Franconia*	– *frạncone*

1 *io possiedo; noi possediamo*

2 *Repụbblica Federale di Germania;*
   Repụbblica Democrạtica Tedesca

Lezione 11

l'affitto	– Miete; Vermietung	*accumulare*	– ansammeln, anhäufen
il subaffitto	– Untermiete	*affittare*	– vermieten
la cameriera	– Zimmermädchen	*prendere in*	– mieten
la cęlla	– Zelle	*affitto*	
la copęrta	– Decke	*appiccicare*	– ankleben (tr.)
la crǫnaca	– Familienchronik	*appiccicarsi*	– ankleben (intr.)
familiare		*arredare*	– einrichten
la cura	– Sorge; Pflege; Sorgfalt	*avanzare*	– vorrücken, übrig bleiben; hier:
aver cura di	– sorgen für, achtgeben auf	*decidere di*	zurückbleiben
il lenzuolo	– Bettuch	*(deciso);*	– entscheiden;
il lettino	– kleines Bett	*decidersi a*	s. entschließen
la libertà	– Freiheit	*denudare*	– entkleiden,
la pena	– Strafe, Qual		entblößen
il pertǔgio,	– Loch, Öffnung	*denudarsi*	– s. entkleiden
il buco		*difęndere da*	– verteidigen
la pulizǐa	– Sauberkeit; Saubermachen	*piągere*	gegen – weinen
pulire	– reinigen, säubern	*(pianto)*	
il riscaldamento	– Heizung	*rassettare*	– wieder in Ordnung bringen
riscaldare	– heizen, (er)wärmen	*respirare*	– atmen
il sedere ·	– Gesäß, Hintern	*restare*	– bleiben
la spalla	– Schulter	*riuscire a*	– es fertig bringen
		riesco a	– es gelingt mir
ammobiliato	– möbliert	*non ci riesco*	– ich bringe es nicht fertig
completo	– vollständig		
completamente	– vollständig, gänzlich (Adv.)	*stando*	– beim Stehen
		stare affacciati	– am Fenster
irrespirąbile	– nicht einzuatmen	*alla finestra*	stehen
largo	– breit	*tǫgliere (tǫlto)*	– wegnehmen
		togliersi la giacca	– die Jacke ausziehen
sopra	– über; oben		
sotto	– unter; unten		
pęggio	– schlechter (Adv.)	*l'ambiente* m.	– Umgebung, Milieu
infatti	– in der Tat, tatsächlich, wirklich	*l'amicǐzia*	– Freundschaft
		l'appartamento	– Wohnung

la carriera	– Karriere	capace di	– fähig, imstande
la classe	– Klasse	carino	– hübsch
la cultura	– Bildung	colto	– gebildet
il dirigente	– Leiter, leitender	commerciale	– Handels-
	Angestellter	il commercio	– Handel
la ditta	– Firma	diplomato	– mit Diplom
la domanda	– Gesuch	il diploma	– Diplom
la domestica	– Dienstmädchen	distinto	– vornehm; klar,
l'economia	– Wirtschaft		deutlich
il gentiluomo	– Adliger	divorziato	– geschieden
il gusto	– Geschmack	dotato di	– ausgestattet mit
l'impiego	– Anstellung; Ver-	equilibrato	– ausgeglichen
	wendung; Stelle	l'equilibrio	– Gleichgewicht
l'interesse m.	– Interesse	eventuale	– eventuell
il laureato	– Akademiker	industriale	– Industrie-
la laurea	– Doktorwürde	matrimoniale	– Ehe-
prendere la l.,	– promovieren	il matrimonio	– Ehe
laurearsi		nazionale	– national
i mobili	– Möbel	metro quadrato	– qm
l'offerta	– Angebot	(mq)	
l'organizzazione	– Organisation		
f.		internazionale	– international
il professionista	– (akad.) Frei-	onesto	– ehrlich
	berufler	rigoroso	– streng
la prospettiva	– Perspektive,	serio	– ernst(haft),
	Aussicht		zuverlässig
la pubblicità	– Öffentlichkeit;	sicuro	– sicher
	Reklame	signorile	– herrschaftlich,
la piccola	– Kleinanzeigen		vornehm
pubblicità		unico	– einzig
la proposta	– Vorschlag	16enne	– 16jährig
la referenza	– Empfehlung,		
	Referenz	presso	– bei
la riservatezza	– Diskretion	al massimo	– höchstens
lo scopo	– Zweck, Absicht		
la serietà	– Ernst(haftigkeit)	cercare	– suchen,
lo stile	– Stil		versuchen
il telefono	– Telefon	educare	– erziehen
l'ufficio	– Büro, Amt		– prüfen, unter-
la volontà	– Wille	esaminare	suchen
		sposare	– heiraten,
alto	– hoch		verheiraten

| la donna | – Frau | il soprabito | – Überzieher, |
| la giacca | – Jacke | | Mantel |

Lezione 12

la bolletta	– Stromrechnung	fosse	– daß es sei
dell'elettricità		impostare una	– Brief aufgeben
la candela	– Kerze	lettera	
la maniglia	– Handgriff,	inventare	– erfinden
	Klinke	inviare	– schicken, senden
l'ospizio	– Hospiz	pigliare	– prendere
l'ospizio (dei	– Altersheim	resistere (-stito)	– widerstehen
vecchi)		respingere	– zurückstoßen,
il padrone	– (Haus-)Herr,	(respinto)	ablehnen;
	Besitzer		zurückschicken
la padrona	– Herrin, Hausfrau	rispondere a	– (be)antworten
la tentazione	– Versuchung	(risposto)	
l'uniforme f.	– Uniform	soffiare	– blasen
		tentare	– versuchen,
perciò	– deshalb		(aus)probieren
il quale	– welcher	udire[1]	– hören
qualsiasi (inv.)	– beliebig, jeder	venire a trovare	– besuchen
	beliebige	che mi ver-	– daß ich mich
alloggiare	– beherbergen,	gognassi	schämte
	wohnen	vergognarsi	– s. schämen
accostarsi a	– (dicht) heran-		
	treten, s. nähern	il governo	Regierung
avvicinarsi a	– s. nähern	il premio	– Preis, Belohnung
allontanarsi da	– s. entfernen	fascista	– faschistisch
bussare	– (an)klopfen	letterario	– literarisch
		pubblicare	– veröffentlichen

---

1 odo, odi, ode, udiamo, udite, odono

Alla posta (vocaboli, espressioni, modi di dire)

inviare		*la lettera*	– Eilbrief
mandare }	– schicken	*espressa,*	
spedire		*l'espresso*	
impostare una	– Brief aufgeben	*la (lettera)*	– Einschreibe-
lettera		*raccomandata*	brief
la carta da lettere	– Briefpapier	*la posta aęrea*	– Luftpost
la busta	– Umschlag	*stampe*	– Drucksache
l'indirizzo	– Adresse	*il francobollo*	– Briefmarke
il mittęnte	– Absender	*il telegramma*	– Telegramm
il destinatąrio	– Empfänger	*la telefonata,*	– Telephon-
il pacco	– Paket	*il colpo di*	gespräch
la cartolina	– Postkarte	*telefono*	
postale		*la buca delle*	– Briefkasten
la cartolina	– Ansichtskarte	*lettere*	
illustrata			

Quanto costa una lettera per la Germania? 650 lire. – E una cartolina? Ci vuole un francobollo da 550. – Dove posso telefonare all'ęstero? – Allo sportello accanto. – Mi può dare, per favore, il prefisso per la Germania? – 0049.

Lezione 13

il bottone	– Knopf	*i grandi magaż-*	– Kaufhaus
il/la collęga	– Kollege/-in	*żini*	
il commesso,	– Verkäufer	*la marca*	– (Zeichen,)
il venditore			(Fabrik-)Marke
la commessa,	– Verkäuferin	*il mercato*	– Markt
la venditrice		*la meraviglia*	– Wunder;
la corręnte	– Strom	*(maraviglia)*	Verwunderung
la differęnza	– Unterschied	*il pęzzo*	– Stück
gli elettrodomę-	– elektr. Haus-	*il pęzzo di*	– Ersatzteil
stici	haltsgeräte	*ricambio*	
il fazzoletto	– Taschen-, Hals-,	*i pręzzi fissi*	– feste Preise
	Kopftuch	*il prodotto*	– Erzeugnis,
il fuoco	– Feuer		Produkt
la macchinetta	– Kaffeemaschine	*la qualità*	– Qualität;
da caffè			Eigenschaft

il regalo	– Geschenk	*mi conviene*	– (es paßt für
il reparto	– Abteilung		mich), ist für mich
la scala	– Treppe, Leiter		besser, ich muß
la scala mọbile	– Rolltreppe	*costare*	– kosten
i sọldi	– Geld	*(è costato*	– es hat gekostet)
il tipo	– Typ	*funzionare*	– funktionieren
		occọrrere	– nötig sein
basso	– niedrig, tief	*(occorse; -rso)*	
competẹnte	– zuständig, sach-	*prẹmere*	– drücken
	verständig	*pretẹndere*	– verlangen,
estrẹmo	– äußerst	*(-tesi; -teso)*	beanspruchen
guasto	– verdorben,	*promẹttere*	– versprechen
	kaputt	*(-misi, -messo)*	
speciale	– besonders, Son-	*regalare*	– schenken
	der-, Spezial-	*ridiscẹndere*	– wieder hinunter-
stesso	– gleich; selbst		gehen
		ridurre[1] *a*	– verringern auf
accanto	– daneben	*(-dussi; -dotto)*	
almeno	– mindestens,	*rimẹtterci*	– draufzahlen
	wenigstens	*risparmiare*	– sparen
altrove	– anderswo(hin)	*rivọlgersi a*	– s. wenden an
con questo	– bei diesem	*(-lsi, -lto)*	
prezzo, tempo	Preis, Wetter	*spẹndere*	– ausgeben
press'a poco	– ungefähr	*(spesi, speso)*	
al solito	– gewöhnlich	*vẹndere*	– verkaufen
	(Adv.)		
solo	– soltanto	*l'artista*	– Künstler(in)
tutto ciò che	– alles was	*il musicista*	– Musiker
		il parẹnte	– Verwandter
(con)trattare	– (ver)handeln	*la televisione*	– Fernsehen
convenire	– passen,	*fọrte*	– stark; laut
	entsprechen	*piano*	– eben; leise,
			behutsam
		cantare	– singen

---

1   io riduco, tu riduci, . . . loro riducono

Lezione 14

l'accento	– Akzent, Betonung, Tonfall	affogare	– ertränken, ertrinken
il burattino	– Marionette	aversene per	– übelnehmen
il capo	– Kopf (veraltet); Chef	(a) male	
		avvedersi di	– wahrnehmen,
l'elemosina	– Almosen	(-vidi; -veduto)	bemerken
chiedere l'elemosina	– Almosen betteln	cacciare	– jagen, vertreiben
		cacciare un grido	– Schrei ausstoßen
la fatica	– Mühe, Anstrengung	cacciare la lingua	– Zunge herausstrecken
il legno	– Holz	canzonare	– verspotten, zum
il muro	– Mauer		besten haben
la parrucca	– Perücke	chiamare	– rufen, nennen
		chiamarsi	– heißen
		diventare	– werden
fisso	– fest, bestimmt	fabbricare	– herstellen
impermalito	– aufgebracht, verärgert	figurarsi qc	– s. etw. vorstellen
		fingere di	– so tun als ob
impertinente	– frech	(finsi; finto)	
intero	– ganz, vollständig	guastare	– verderben,
minaccioso	– drohend		beschädigen
la minaccia	– Drohung	lavorare a buono	– tüchtig arbeiten
minacciare	– drohen		
ricco	– reich	passarsela bene	– ein anständiges Auskommen haben
risentito	– gereizt, aufgebracht		
il risentimento	– Gereiztheit, Unwille	portar via	– wegtragen
		rendere	– zurück-, wiedergeben
		(resi; reso)	
fra sé e sé	– bei sich (sagen)	ridere	– lachen
fuori	– draußen, hinaus, heraus	(risi; riso)	
		ripetere	– wiederholen
fuori di	– außerhalb von	ritagliare	– aus-,abschneiden
in giù	– nach unten	tagliare	– schneiden
in su	– nach oben	scorciare	– verkürzen
		(bzw. scorcire)	
accorgersi di	– wahrnehmen,	smettere	– aufhören (intr.)
(-rsi, -rto)	bemerken	è smesso di	– es hat aufgehört
affaticarsi	– s. anstrengen, s. Mühe geben	piovere	zu regnen
		stare + Ger.	– dabei sein etwas

	zu tun, im Be-griff sein	*voltare*	– wenden, (her-) umdrehen
urlare	– heulen, brüllen		
		l'alcool m.	– Alkohol
		il cucchiaio	– Löffel

Lezione 15

l'aiuto	– Hilfe	*pubblico*	– öffentlich, allgemein
l'automobilista	– Autofahrer		
il codice	– Gesetzbuch	*stradale*	– Straßen
la colpa	– Schuld	*umano*	– menschlich
il costume	– Gewohnheit, Sitte; Tracht	*a destra (di)*	– rechts (von)
il diritto	– Recht; Anspruch	*a sinistra (di)*	– links (von)
il garage	– Garage	*destro*	– recht (Adj.)
il genere	– Art	*sinistro*	– link (Adj.)
l'incidente m.	– Unfall	*finora*	– bis jetzt
l'imperfezione f.	– Unvollkommen-heit	*o, oppure*	– oder
		ognuno	– jeder (subst.)
la perfezione	– Vollkommenheit	*secondo te*	– deiner Meinung nach
il parcheggio	– Parken; Park-platz		
		d'altra parte	– andererseits
la pensione	– Pension	*da una parte...*	– einerseits ...
il permesso	– Erlaubnis	*dall'altra*	andererseits
la precedenza	– Vorfahrt, Vor-rang	*(parte)*	
		ammettere	– zugestehen,
il problema	– Problem	*(-misi; -messo)*	zugeben
il proverbio	– Sprichwort	*coinvolgere in*	– verwickeln in
il semaforo	– Ampel	*(-volsi, -volto)*	
il temperamento	– Temperament	*credere*	– glauben, meinen
il traffico	– Verkehr	*disperare, dis-*	– verzweifeln
l'usanza	– Gebrauch, Sitte	*perarsi*	
avaro	– geizig	*frenare*	– bremsen
disciplinato	– diszipliniert, ordentlich	*il freno*	– Bremse
		girare	– (herum-)drehen, herumfahren
la disciplina	– Disziplin		
eccessivo	– übermäßig	*girare un film*	– Film drehen
modesto	– bescheiden	*il giro*	– Kreis; Umdre-hung; Rundfahrt
pazzo, pazzesco	– verrückt		

impazzire	– verrückt werden	*il limite*	– Grenze
migliorare	– aufbessern, ver- bessern	*la multa*	– (Geld-)Strafe
		il senso	– Sinn; Richtung
parcheggiare	– parken	*il vigile*	– (Verkehrs-)Poli-
prendere per	– halten für (irrtümlich)		zist
provare	– erproben, ver- suchen; prüfen,	*infilare*	– einfädeln, ein- schlagen (Straße)
	beweisen	*macchiare*	– beflecken
rinunciare a	– verzichten auf	*la macchia*	– Flecken
rispettare	– respektieren, beachten	*permettere*	– erlauben
		proibire, vietare	– verbieten
il rispetto	– Respekt, Hoch- achtung	*svoltare*	– abbiegen
		la svolta	– Kurve, Wende
sopraffare	– überwältigen		
sorpassare	– überholen	*Dio*	– Gott
il sorpasso	– Überholen	*il lupo*	– Wolf
succedere	– geschehen,	*il monaco*	– Mönch
(-cesse, -cesso)	s. ereignen,	*il nemico*	– Feind
	vorkommen	*il pelo*	– (Körper-)Haar
tener conto di	– berücksichtigen	*il vizio*	– Laster
usare	– pflegen,		
	gewöhnlich tun;	*cambiare*	– wechseln, ändern
	gebrauchen	*disporre (di)*	– anordnen, verfü- gen über; in eine
la barzelletta	– Witz		Ordnung bringen
il/la cliente	– Kunde/-in	*luce*	– es glänzt
la festa	– Fest(tag)	*proporre*	– vorschlagen
la festa del lavoro	– Tag der Arbeit		

Lezione 16

l'alba	– Morgendämme- rung	*il campo*	– Lager; Feld,
il bosco	– piccola foresta		Acker
la foresta	– Wald	*la cavalcatura*	– Reittier
la bussola	– Kompaß	*il cavallo*	– Pferd
la busta	– (Brief-)Um- schlag	*la comunica- zione*	– Mitteilung; Ver- bindung
il cammino	– Weg	*la comparsa*	– Erscheinen

la frontiera, *il limite,* *il confine*	– Grenze	*la sẹlla* *il sentimento* *il sọffio*	– Sattel – Gefühl – il soffiare
la continuità	– Stetigkeit, Kontinuität	*la solitụdine* *il sụddito*	– Einsamkeit – Untertan
la cụpola	– Kuppel	*il taccuino*	– Notizbuch
il deṡẹrto	– Wüste	*la tẹnda*	– Zelt
il destriero	– Roß (poet.)	*l'uccẹllo*	– Vogel
la direzione	– Richtung	*il vagabondo*	– chi gira per le
il dispẹndio di	– Aufwand an		campagne
il dụbbio	– Zweifel, Verdacht	*la verità*	– l'essere vero; ciò che è vero
i familiari	– parenti	*la vọglia*	– Lust
la fanciullezza	– Kindheit		
il fanciullo	– Knabe	*consecutivo*	– aufeinanderfol-
il geọgrafo	– Geograph		gend
l'iniziale f.	– Anfangsbuchstabe	*curioso*	– merkwürdig; neugierig
l'intervallo	– Zwischenraum	*diṡabitato*	– non abitato
l'itinerạrio	– Reiseroute	*divẹrso*	– verschieden
la lega	– Meile	*eṡatto*	– genau
la lontananza	– Entfernung, Ferne	*fedele (a)* *fiọco (voce,*	– treu – schwach
il mattino	– früher Morgen	*lume)*	
il meridione	– Süden	*idẹntico*	– uguale, stesso
il messaggẹro,	– Bote	*inferiore a*	– geringer als
il messo		*ingiallito*	– diventato giallo
la mọrte	– Tod	*insọlito*	– ungewohnt
il motivo	– Ursache, Grund	*sọlito*	– gewöhnlich,
il pacco	– Paket		üblich
la pianura	– Ebene	*inụtile*	– nutzlos
il prato	– Wiese	*ụtile*	– nützlich
la praterịa	– prato molto grande	*iṡolato* *opposto*	– solo – entgegengesetzt
il progẹtto	– Plan, Projekt	*parẹcchio*	– ziemlich viel
la rapidità	– velocità	*da parecchio*	– seit einiger Zeit
la realtà	– Wirklichkeit	*tempo*	
il regno	– Königreich	*probạbile*	– wahrscheinlich
il ripọso	– Ruhe	*remọto*	– molto distante
il ritorno	– il ritornare	*scoraggiato*	– senza coraggio
essere di ritorno	– essere ritornati	*sensịbile*	– sensibel; fühlbar
la scọrta	– Geleit	*spensierato*	– sorglos

strano	– merkwürdig, seltsam
successivo	– aufeinanderfolgend; folgend
uguale	– gleich
uso a	– abituato a
senza ... alcun(o)	– ohne irgendein...
avanti	– vorwärts, weiter
chissà	– wer weiß
dovunque	– überall
fin dalla sera	– schon am Abend
fin da	– seit
per quanto	– soviel auch
solo, solamente	– soltanto
sovente	– spesso
domani stesso	– schon morgen
talora	– manchmal
acconsentire a	– zustimmen, einwilligen
calcolare	– (be-)rechnen
cogliere[1] *(colsi; colto)*	– pflücken; überraschen, treffen
comunicare	– mitteilen; in Verbindung stehen
constatare	– accorgersi che
deridere	– verlachen
distinguere (-insi, -into)	– unterscheiden
divenire	– diventare
divorare	– mangiare; percorrere con rapidità

esistere (esistito)	– existieren
esplorare	– erforschen
estendersi (-tesi; -teso)	– s. ausdehnen
giungere (giunsi, -nto)	– ankommen, hinzukommen
imporre un nome	– Namen geben
incitare	– anspornen
incontrare q	– treffen; begegnen
intercorrere	– dazwischenliegen (Zeit)
interrompere (-ruppi; -rotto)	– unterbrechen
ininterrotto	– ununterbrochen
moltiplicare	– multiplizieren
percorrere	– durchlaufen, zurücklegen
persuadere (-suasi; -suaso)	– überzeugen
posare	– riposarsi
preoccuparsi di	– s. kümmern um, s. Sorgen machen um
procedere	– avanzare
raggiungere (-giunsi, -giunto)	– erreichen, einholen
recare	– portare in un luogo
recarsi a	– andare a (s. begeben)
riprendere	– wieder einholen
scegliere[1] *(scelsi; scelto)*	– aussuchen, (aus-) wählen
separare	– trennen

---

1 Ind. pres.: *io, colgo, tu cogli, ..., loro colgono;*
io scelgo, tu scegli, ..., loro scelgono; vgl. *togliere*

sovrastare	– überragen	*tormentare*	– quälen
spaziarsi	– diventare più grande (un intervallo)	*trascǫrrere* (*-corsi; -corso*)	– passare il tempo; passare (detto del tempo)
spedire	– inviare, mandare		
stravǫlgere (*-lsi; -lto*)	– verdrehen		

VOCABOLARIO
(in ordine alfabetico[1]

a	3	*addio*	2G
abbastanza	2	*adesso*	4
abitare	10V	*adulto*	5
abito	7	*aereo*	9G
abituale	10L	*affacciato*	11
abituarsi	8	*affamato*	4
accanto	13	*affascinante*	6
accanto a	9	*affascinare*	6
accento	14	*affaticarsi*	14
accidenti	5	*affetto*	10
si accomodi	4G	*affettuoso*	10
accomodarsi	9	*affittare*	11
accompagnare	3	*affitto*	11
acconsentire	16	*prendere in affitto*	11
d'accordo	4	*affogare*	14
accorgersi	14	*aiutare*	6
accostarsi	12	*aiuto*	15
accumulare	11	*alba*	16
acqua	LK, 4V	*albergo*	3
acquedotto	6	*albero*	3
acquistare	5	*alcool*	14G
acustico	9G	*alcuni*	6
adagio	LK	*alloggiare*	12

---

1   I numeri rimandano alle lezioni. LK = Lautkurs; L = Testo di lettura che segue il testo
    principale della lezione; V = vocabolario tematico; G = grammatica + esercizi. Non si è
    tenuto conto della lista di L 4 e di alcuni dei vocabolari tematici; per questi cf. Indice
    grammaticale.

allontanarsi	12	arredamento	1
allora	2	arredare	11
almeno	13	arrivare	2
Alpi	LK	arrivederci	6
alto	11L	arrivo	5
altro	3	arte	10
l'altro giorno	8	artista	6
altrove	13	asciutto	LK, 4
alzare	2	ascoltare	1
alzarsi	7	asino	7L
amare	7G	aspettare	3
ambiente	11L	aspetto	2
amicizia	11L	assicurare	7L
amico	2G	attento	3G
ammettere	15	attore	7
ammobiliato	11	attraversare	6
anche	1G, 3	attrezzato	3
ancora	3	attrice	7
andare	4	augurio	6
andare a trovare	5	aula	1
andarsene	8	aumentare	8G
andar via	8	autista	9
andata	5	autobus	5
angolo	1	automobilista	15
anno	LK, 3	autore	10
anno scolastico	3	avanti	16
anteriore	9	avanzare	11
anzi	6	avaro	15
anziano	9	avere	LK, 2G
aperitivo	9G	avvedersi	14
aperto	LK, 1	avvicinarsi	12
apparecchio	9G	azzurro	LK, 3
apparire	6		
appartamento	11L	bagagli	5
appena	5	bagno	3
appetito	4	bambino, -a	5
appiccicare, -arsi	11	banca	5
aprire	5G	bar	4
arare	8L	barocco s., a.	9
archeologia	10G	barzelletta	15L
aria	2G	basso	13
arrabbiarsi	8	bastare	1

bellissimo	3	caldo	1
bello	1	cambiare	15L
bene	LK, 3	camera	3
bere	6	camera da letto	3
bianco	2	cameriera	11
bicchiere	6	cameriere	4
bicicletta	9G	camicia	2G, 7
biglietto	5	camminare	4
binario	5	cammino	16
binocolo	7	campagna	6
birra	4V	campo	8L, 16
bisbibliare	7	candela	12
bisognare	8	cantare	13G
bistecca	4V	canzonare	14
blu	7	capace	11L
bolletta	12	capire	2
bollire	5G	capitale	5
borbottare	5	capo	14
borsa	9	capofamiglia	5
borsa di studio	10	capolavoro	7L, 14
bosco	16	capolinea	9
bottega	7	capostazione	5
bottone	13	caratteristico	3
braccio	2G, 14	carne	4V
bravo	6G	carino	11L
breve	6	caro	3
brutto	1	carriera	11L
buco	11	carta	1
buffone	7L	casa	LK, 3
buio	10G	a casa	3G
buono	LK, 2G	caso	9
burattino	14	castello	4
burro	7G	cattivo	1G, 7L
bussare	12	causa	LK
bussola	16	cavaliere	9
busta	16	cavalcatura	16
		cavallo	16
cacciare	14	cavare	7L
cadere	8L	celebre	6
caffè	4	cella	11
calcio	6	cena	8
calcolare	16	centrale	6

centro	9	commesso, -a	13
cercare	11L	compagnia	7
certo	8L	comparsa	16
che (cosa)	2	comp(e)rare	7
chi	2, 9G	competente	13
chiacchiere	6	completo	11
chiamare, -arsi	3G, 14	complimento	3
chiarezza	10L	compreso	4
chiaro	2G, 13V	comunicare	16
chiave	1G, 2	comunicazione	16
chiedere	8	con	3, 13
chiesa	LK, 9	conferenza	8
chilo(gramma)	7G	confine	16
chilometro	5	conoscere	6
chiuso	LK, 1	consecutivo	16
chiudere	10	consiglio	LK
ciao	LK, 8	constatare	16
cielo	2	contare	7L
cinema	3G	contento	6
ciò	8G	continuare	2
cioccolata	2G	continuità	16
città	LK, 2	conto	4
classe	11L	contorno	4
cliente	15L	contrario	8G
coda	5	contrattare	13
fare la coda	5	contro	6
codice	15	convenire	13
cogliere	16	conversazione	8
cognato, -a	3V	coperta	11
cognome	10L	coperto	2
coinvolgere	15	copiare	2
collega	13	coppia	8
colore	13	coprire	5G
colpa	15	coraggio	2
colto	LK, 11L	cordiale	3
come	2	corrente	13
come mai	2	correre	5
come no	8	corso	10
cominciare	1G	corso estivo	10
commedia	7	cortese	9
commercio	11L	cosa	LK, 2
commerciale	11L	così	LK, 2

costa	3	diploma	11L
costare	13	diplomato	11L
costruire	6	diretto, -issimo	5
costume	15	direzione	16
cravatta	7	dirigente	11L
credere	15	diritto	15
crescere	6	disabitato	16
critica	7	disciplina	15
cronaca	11	disciplinato	15
cucchiaio	14G	discutere	7
cucina	3	dispendio	16
cugino, -a	3V	disperare, -arsi	15
cultura	11L	mi dispiace	5
cuoio	9	disporre	15L
cupola	16	distante	7
cura	11	distinguere	16
curioso	16	distinto	11
		dito	2G
da	2, 3	ditta	11L
dapprima	6	divenire	16
dare	3G	diventare	14
data	4G	diverso	16
davanti a	7	buon divertimento	10G
davvero	8	divertirsi	7
decidere, -ersi	11	divorare	16
decorrenza	10L	divorziato	11L
dentista	2G	dolce	4
denudare	11	domani	LK, 4G
deridere	16	domanda	6G, 11L
deserto	16	domandare	5
desiderare	10L	domestica	11L
destro	15	donare	8L
di	1, 3G	donna	11G, 13G
dietro	9	dopo	6
difendere	11	dormire	5G
differenza	13	dotato	11L
difficile	1	dottore	9G
difficoltà	10	dove	1G
dimenticare	LK, 2G	dovere	8
diminuire	6	dovunque	16
dintorni	6	dubbio	16
Dio	LK, 15L	due	1

dunque	4G	fanciullezza	16
durare	3	fanciullo	16
		fare	2G
e	LK, 1	far bene	4
eccellente	7	far caldo	1
eccessivo	15	far freddo	1
ecco	LK, 1	far male	7G
economia	11L	farmacista	2G
educare	11L	fascista	12G
elegante	7	fatica	14
elemosina	14	fatto	7G
elettrodomestici	13	favore	8
entrare	2	per favore	4
epoca	6	fazzoletto	13
equilibrato	11L	fedele	16
equilibrio	11L	felice	6
esame	3G	fermare, -arsi	6
esaminare	11L	fermata	9
esagerare	4	festa	LK, 15L
esatto	16	figlio, -a	3V
esercizio	2	figli	3V
esistere	16	figurarsi	10
esperienza	3	film	8
esplorare	16	finalmente	4
esprimere	8L	fin da	16
essere	1	fine	3
estendersi	16	finestra	1
estivo	3	finestrino	9
estremo	13	fingere	14
età	3	finire	6
eterno	8L	fino a	3
etto	7G	finora	15
eventuale	11L	fioco	16
		fiore	8L
fabbricare	14	firma	10L
faccia	1G	firmare	10L
facile	1	fischiare	5
fagiolo	4	fischio	5
fallire	7L	folla	7
fame	4	fondo	9G
famiglia	LK, 6	foresta	16
familiari	16	formaggio	4V

formato	10L	giorno	2
forse	2	giovane	10
forte	13G	girare	15
per fortuna	5	giro	15
fotografia	10L	gita	10
fra	6G	(in) giù	14
francese	3G	giungere	16
fratello	3V	giustizia	9
freddo	1	golfo	3
frenare	15	governo	12G
freno	15	grammatica	10
fretta	5	grande	LK, 1
frigorifero	3	grazie	6
di fronte a	9	gregge	6
frontiera	16	gridare	6
frutta	4V	grido	6
fuggire	8L	guardare	1
fumo	LK	guastare	14
funzionare	13	guasto	13
fuoco	13	guerra	9
fuori (di)	14	gusto	11L
galleria	7	identico	16
garage	15	idiota	3
gelato	LK	ieri	LK, 4G
genere	15	illuminare	8L
genero	3V	imbarazzato	9
genitori	3V	imbarazzo	9
gente	4	immaginarsi	8
gentile	9	immenso	8L
gentiluomo	11L	imparare	3
geografo	16	impazzire	15
ghiaccio	LK, 6	imperfezione	15
già	3	impermalito	14
giacca	11G	impertinente	14
giallo	1G	impiegare	2, 5
giardino	3	impiegato	5
gigante	6	impiego	11
gigantesco	6	imporre	16
gioia	6	importante	6
giornale	7	impossibile	8
giornata	6	impostare	12

in	3	invito	8
inaspettato	9	ironico	7L
incendio	9G	irrespirabile	11
incerto	8L	iscrizione	10L
incidente	15	iscriversi	10
incitare	16	isola	3
incontrare	9G, 16	isolato	16
indicare	10L	italiano	LK, 1
indirizzo	10L	itinerario	16
industria	11L		
industriale	11L	là	6
inesprimibile	8L	lago	LK
infatti	11	largo	11
inferiore (a)	10, 16	lasciare	LK, 4
infilare	15L	laurea	11L
informazione	10G	laurearsi	11L
ingiallito	16	lavagna	1
ingannare	7L	lavare	7G
ingresso	7	lavorare	2
ininterrotto	16	lavoro	6
iniziale	16	lega	16
inizio	7	legge	LK, 9
inoltre	10	leggere	10
insalata	4	legno	14
insieme	3	legume	4V
insolito	16	lenzuolo	11
intanto	10	lesso	4
intelligente	1G	lettera	3
intercorrere	16	letterario	12G
interessante	8	letteratura	10
interessarsi di	6	lettino	11
interesse	11L	letto	3
intero	14	lezione	1
internazionale	11L	lì	1
interpretare	7	libero	4
interrompere	16	libertà	11
intervallo	16	libro	1
intorno a	3	limite	15
inutile	16	limone	6
invece	3	lingua	3
inventare	12	lista	4
inviare	12	litro	7G

locale (treno)	5	matita	1
lontananza	16	matrimoniale	11L
lontano	2	matrimonio	11L
luce	7	mattina	4
lucere	15L	mattino	16
lume	8L	maturo	8L
lungo	3	medesimo	7L
luogo	10	medico	2G
aver luogo	10	medio	10
lupo	4	Mediterraneo	3
		meno	LK, 4G
ma	1	mentire	5G
macchia	15L	mentre	6
macchiare	15L	meraviglia	13
macchina	2	mercato	13
macchinetta da caffè	13	meridionale	9G
madre	3V	meridione	16
grandi magazzini	13	mese	LK, 4G
magnifico	3	messa in scena	7
mai	2G	messaggero	16
malato	2	messo	16
male (avv.)	LK, 3G	metro	10G
male (s.)	10G	metterci	6
mal di testa	10G	mettere	5, 7
aversene per male	14	mettersi in moto	5
mancare	5	mezzo (a.; s.; avv.)	LK, 9, 14
mancia	4	mezzo chilo	7G
mandare	7L	mezzo	LK
mangiare	2G	migliorare	15
manica	7	minaccioso	14
maniglia	12	minestra	4V
man mano	9	minuto	5
mano	2	misto	4
marca	13	misura	2G
marciapiede	5	mobili	11L
marciare	8G	moderno	3
mare	3	modernissimo	6
marito	3V	modesto	15
marrone (s., a.)	7	modo	9G
massimo	10L	modulo	10L
al massimo	11L	moglie	LK, 3V
matematica	3	moltiplicare	16

molto	1	nuora	3V
momento	2	nuotare	3
monaco	15L	nuovo	6
mondo	7	di nuovo	6
monte	8L	nuvola	8L
morte	16		
motivo	16	o	4
multa	15L	occasione	10
muovere, -ersi	7	occhialetto	7L
muro	14	occhiali	7L
museo	LK, 10G	occhio	7L
musica	10L	occidentale	9G
musicista	13G	occorrere	13
		offerta	11L
nascita	10L	offrire	5G
Natale	9G	oggi	1
nato	4G	ogni	5
nazionale	11L	ogni tanto	5
nazionalità	10L	ognuno	15
né ... né	LK, 5G	ombra	6
neanche	1, 5G	onesto	11L
negozio	9	opportuno	10L
nemico	15L	opposto	16
nemmeno	3G, 5G	oppure	15
nero	LK, 13V	ora	4G
nessuno	5, 5G	or ora	7L
neutro	LK	di buon'ora	2G, 7L
neve	6G	ordinare	4
nevicare	8G	organizzazione	11L
niente	5G	orientale	9G
nipote	3V	oro	10G
no	LK, 1G	orologio	5
nome	4G, 10L	ospizio	12
non	1	osservare	7L
nonno, -a	3V	ottimo	7
nonni	3V		
notizia	6	pacco	16
notte	2	padre	3V
novità	6	padrone, -a	12
nudo	2	paesaggio	6
nulla	5G	paese	6
numero	4G	pagare	LK, 2G

paio	8	perfino	3
palazzo	9	perciò	12
palcoscenico	7	perchè	LK, 1
pane	4V	percorrere	16
Papa	LK, 2G	perdere	5
parcheggiare	15	perfezione	15
parcheggio	15	periferia	6
parecchio	16	periferico	6
parente	13G	periodo	3
parete	2	permesso	15
parlare	1, 2	permettere	15L
parola	1	persuadere	16
parrucca	14	pertugio	11
parte	4G, 9	pesante	9
d'altra parte	15	pęsca	LK
partecipare	10	pesca	LK
partenza	5	pesca subacquea	3
partire	5	pesce	4V
partita	6	pezzo	13
Pasqua	3	piacere	5
passare	3, 6, 7	piacere s.	3
passeggero	9	piacevole	7
passeggiare	8	piangere	11
passeggiata	3	piano s.	3
passo	9	piano avv.	13G
pasta	4	pianta	3
pasto	4	pianterreno	3
patata	4	pianura	16
patatine fritte	4	piazza	6
paura	2	piccolo	LK, 1
pazienza	7	piede	2
pazzo, pazzesco	15	a piedi	2
pecora	6	pieno	9
peggio	11	pigiare	9
pelliccia	7	pigliare	12
pelo	15L	piove	2
pena	11	piovere	8
penna	1	piovoso	2
pensare	3	pisello	4
pensione	15	pittore	2G
pentirsi	8	più	LK, 4, 13
per	3G, 6, 9	platano	6

un po'	4	prezzo fisso	13
poco	4	prima di	8
poesia	8	primo	3
poi	4G	principale	6
pollo	4	principiante	10
polvere	8L	probabile	16
polveroso	8L	problema	15
pomodoro	4	procedere	16
popolato	6	prodotto	13
popolo	LK	professore	1
porta	1	professione	10L
portare	4	professionista	11L
portar via	14	progetto	16
possedere	10L	programma	7
possibile	10L	progredito	10
possibilmente	10L	progresso	16
posteriore	9	progressivo	16
posto	4	proibire	15L
potere	5, 8	promettere	13
povero	3	pronto	7
pranzo	4	pronuncia	2
prateria	16	proporre	15L
pratico	2	a proposito	8
prato	16	proposta	11L
precedenza	15	proprio	2
preciso	10L	prospettiva	11L
preferire	6	prossimo	4G
pregare	10	protestare	4
prego	4G	provare	15
premio	12G	proverbio	15
prendere	5	provincia	5
prendere la laurea	11L	pubblicare	12G
prendere per	15	pubblicità	11L
preoccuparsi	16	piccola pubblicità	11L
preparare, -arsi	LK, 6G	pubblico	15
preparatorio	10L	pubblico s.	7
presentare	8	pulire	11
press'a poco	13	pulizia	11
presso	11L	purtroppo	2
presto	6		
pretendere	13	qua	1
prezzo	4	qua e là	6

quaderno	1	residenza	10L
metro quadrato	11L	resistere	12
qualche	9	respingere	12
qualcosa	5	respirare	11
qualcuno	5	restare	3
quale	10L, 12	pezzo di ricambio	13
qualità	13	ricco	14
qualsiasi	12	ricominciare	3
quando	LK, 4G	ricordare, -darsi	6
quanto	3G	ridere	14
quanto tempo	6	ridiscendere	13
per quanto	16	ridurre	13
quasi	7	riempire	9
quello	3	rifugiarsi	8
questo	3	rigoroso	11L
qui	1	rimanere	8
quiete	8L	rimetterci	13
		rimproverare	8
raccomandare	10L	rimprovero	8
raccontare	6	rinascimentale	9
radio	3	Rinascimento	9
ragazzo, -a	3	rinomato	10
raggiungere	16	rinunciare	15
ragione	4	ripetere	14
aver ragione	4	riposare, -arsi	6
per questa ragione	8	riposo	16
rapidità	16	riprendere	16
rapido	5	riscaldamento	11
rapporto	8	riscaldare	11
rappresentazione	7	risentimento	14
raro	10	risentito	14
rassettare	11	riservatezza	11L
realtà	16	risparmiare	13
recare, -arsi	16	rispettare	15
referenza	11L	rispetto	15
regalare	13	rispondere	12
regalo	13	risposta	10
regista	7	ristorante	4
regno	16	ritagliare	14
remoto	16	ritorno	5, 16
rendere	14	ritrovare	10G
reparto	13	riunire	6

riuscire	11	scuro	7
rivedere	6	scusi	LK, 2
rivolgersi	13	se	4
rocca	LK	se no	5
rọcca	LK	secco	4
romano	LK, 6	secolo	4G
romanzo	10	secondo s.	4
rondine	8L	secondo Präp.	15
rosso	LK, 13V	sedere s.	11
		sedia	11
sala	4	seguire	5G
salire	5	sella	16
salutare	10	semaforo	15
salute	6	sembrare	4
in buona salute	6	semplice	1
saluto	3	sempre	2
santo	2G	sensibile	16
sardina	9	senso	15L
sapere	9	sentire	5
sbagliarsi	6	sentimento	16
sbaglio	LK, 1G	senza	LK, 4
sbrigarsi	7	senz'altro	9
scala	13	separare	16
scala mobile	13	serata	7
scaloppina	4	serietà	11L
scarpa	7G	serio	11L
scegliere	16	servire, -irsi	5, 8
scena	LK, 7	servizio	4
scendere	5	seta	7
scherzo	LK, 1G	sete	6
schiaffo	1G	settentrionale	9G
sciovinismo	LK	settimana	2
scollato	7	si	LK, 6G
scopo	11L	sì	LK, 2
scoppiare	9G	siccome	10
scoprire	5G	sicuro	11L
scoraggiato	16	signora	9
scorciare, -ire	14	signore	4
scorso	4G	signorile	11L
scorta	16	signorina	10L
scrivere	1	silenzio	7
scuola	10	simpatico	3

sinistro	15	spendere	13
sipario	7	spensierato	16
situato	6	sperare	10
smettere	14	spesso	3
sobborgo	6	spiaggia	3
sobrio	1	spicc(iol)i	5
soffiare	12	spiegare	2
soffio	16	spirito	2G
soffocare	9	splendido	6
soffrire	5G	sport	6
soggiorno	3	sportello	5
solamente	16	sportivo	6
soldi	13	sposare	11L
sole	2	spremuta	6
solito	16	staccare	8L
al solito	13	stagione	4G
solitudine	16	stancarsi	6
solo avv.	13	stanco	2
soltanto	4G, 9	stare	3, 14
sonoro	LK	starci	4
sopra	11	come stai?	3
soprabito	11G	star bene	3G
sopraffare	15	stare in piedi	3G
soprattutto	6	stare seduti	3G
sordo	LK	stasera	8
sorella	3V	Stato	LK
sorpassare	15	stazione	5
sorpasso	15	stesso	13
sorpresa	7	stile	11L
sorridere	9	stoffa	10G
sotto	11	storia	6
sottoscritto	10L	storico	10
sovente	16	strada	4
sovrastare	16	stradale	15
spalla	11	straniero	10
spargere	6	strano	16
spazio	1	straordinario	8
spazioso	3	strapazzare	7L
specchio	8L	stravolgere	16
speciale	13	strazio	8L
spedire	16	studente	1
spegnere, -ersi	7	studentessa	1

studiare	3	tessera	10L
studio, studi	10I	testa	10G
stupido	LK, 1G	tipo	3, 13
su	1	titolo	10L
in su	14	togliere	11
subaffitto	11	tormentare	16
subito	2	tornare	11
succedere	15	aver torto	4
successivo	16	tra	8L
sud	2	traffico	15
suddito	16	tranquillo	9
suocero, -a	3V	transistor	6
suonare	7L	trascorrere	16
superiore	10	trattare	13
sveglia	2G	ad un tratto	8
svoltare	15L	treno	5
		treno locale	5
taccuino	16	trimestre	10
tacere	7L	triste	2
tagliare	14	troppo	2
talora	16	trovare	2
tanto	5, 6	trovarsi	8
tardi	2	tuttavia	14G
tassì	7	tutto	3, 4G
tavolo	1		
teatro	7	uccello	16
tedesco	LK, 3	udire	12
telefonare	2G	ufficio	10G, 11L
telefono	11L	uguale	16
telegramma	2G	ultimo	6
televisione	13G	umano	15
televisore	3	umido	2
temerario	7L	uniforme	12
temperamento	15	unico	10G, 11L
tempo	2	unire	10L
quanto tempo?	6, 10G	università	2
tenda	16	uomo	LK, 9
tenere	6	urgente	8
tener conto di	15	urlare	14
tentare	12	usanza	15
tentazione	12	usare	15
terminologia	8	uso a	16

uscita	9	*vicino*	4
utile	16	*vietare*	15L
uva	8L	*vigile*	15L
		vigna	6
va bene	6	*villa*	3
vacanze	3	*villino*	3
vagabondo	16	*vincere*	6
valigia	2G, 9	*vino*	4
valle	LK	*violoncello*	LK
vecchio	6	*visita*	6
vedere	2, 5	*vista*	3
velocità	6	*vita*	10G
vendere	13	*vivace*	LK
venditore, -trice	13	*vivere*	5
venire	6	*vizio*	15L
venire a trovare	12	*voce*	LK, 3G
vento	2	*voglia*	16
verde	1	*volentieri*	8
vergine	LK	*volere*	7, 8
vergognarsi	12	*volontà*	11L
verità	16	*volta*	3
vermut	6	*d'una volta*	9
vero	9	*voltare*	14
verso	5	*vuoto*	9
vestito	3G, 7		
via	7L	*(pieno) zeppo*	9
viaggiare	8G	*zero*	LK, 4G
viaggiatore	5	*zio, -a*	1G, 3V
viaggio	5	*zona*	6

INDICE GRAMMATICALE[1]

Pronuncia e grafia

suoni LK, accento tonico LK, accento grafico LK, maiuscole, minuscole LK, troncamento 2, particolarità grafiche e di pronuncia nella declinazione 2, – nella coniugazione 2, 6, uso della virgola 12

Sostantivo

genere e formazione del plurale 2, "declinazione" 8, nomi femminili di persona 13, nomi alterati 14

Aggettivo

genere e formazione del plurale 2, comparazione 13, collocazione dell'aggettivo 6, tutto 4

Avverbio

formazione e comparazione 13, *ci, ne* 8

Negazione: 1, 5

Articolo

a. indeterminato, a. determinato 1, a. partitivo 7, preposizioni articolate 3

Numerali

cardinali 4, ordinali 9

Pronomi[2]

personali tonici 3, personali atoni 6, coppie di pronomi atoni 7, riflessivi 6,

---

1   I numeri rimandano alle lezioni. LK = Lautkurs. V = Vocabolario.
2   Zur Erleichterung für den dt. Studierenden wird die in der ital. Grammatik gebräuchliche Unterscheidung z. B. von aggettivo und pronome possessivo nicht gemacht. Hier und in den Lektionen steht also z. B. 'pronome possessivo' auch für 'aggettivo possessivo'.

possessivi 3, dimostrativi 3, 13, interrogativi 9, relativi 12, *ci, ne* 8, *ogni, ognuno, ciascun(o)* 15, *stesso* 13

Preposizioni
preposizioni articolate 3, *a, in* 9, *da, di, per* 10, *su, sopra, sotto, davanti a, dietro, di fronte a* 11, *prima di, dopo, durante, fra, tra* 15

Verbo, morfologia (forme)
indicativo presente di *avere, essere, -are* 2, *-ere, -ire (sentire)* 5, *-ire (finire)* 6, participio passato 5, passato prossimo 5, 8, verbi riflessivi 6, imperativo 7, futuro, condizionale, cond. pass. 10, imperfetto, trapassato prossimo 11, passato remoto 12, gerundio 14, congiuntivo imperfetto e trapassato 13, forma passiva 15, congiuntivo presente e passato 16

Verbi irregolari nelle forme del presente[1]
andare 4, *apparire* 6V, *bere* 6V, *dare* 3, *dire* 7, *dovere* 8, *fare* 4, *porre* 15, *potere* 8, *rimanere* 8V, *salire* 6, *sapere* 9, *spegnere* 7V, *stare* 3, *tenere* 6, *togliere* 11, *udire* 12V, *uscire* 11, *venire* 6, *volere* 8

Verbo, sintassi
passato prossimo 5, 12, imperfetto 11, 12, passato remoto 12, infinito 11, 15 (esercizi 3, 4), periodo ipotetico (Irrealis) 13, gerundio, participio assoluto 14, congiuntivo 16, condizionale passato 16, tempi composti (ausiliari) 5, 6, 8, participio passato (accordo) 5, 6

Sintassi (v. anche Negazione e Verbo, sintassi)
ordine delle parole 1, collocazione dell'aggettivo attributivo 6, proposizioni interrogative 8, il tedesco 'man' 9, dipendenza dei tempi 16

Modi di dire, Vocabolario
nomi di parentela 3, cibi e bevande 4, data e ora 4, paesi 9, abitanti di paesi 10, fare 10, segni d'interpunzione 12, Alla posta 12, colori 13, avverbi 13, nomi femminili di persona 13, parti del corpo 14, passare 14, nomi alterati 14, proverbi 15, segnali stradali 15, automobile 15

---

1 Per il passato remoto 12, futuro 10, participio passato 5.